현장에서 바라본

중국물류

현장에서 바라본

중국물류

장대훈 외 지음

이담
Books

머리말

도광양회(韜光養晦)는 자신의 재능이나 명성을 밖으로 드러내지 않고 참고 기다린다는 의미로, 삼국지에서 촉나라의 유비가 조조의 식객으로 있으면서 자신의 재능을 숨기고 은밀히 힘을 기른 것을 뜻하는 말이다.

중국은 1978년 덩샤오핑의 개방·개혁 정책 실시 이후 도광양회를 기본으로 하는 외교정책을 추진했다. 그러나 1990년대 10%가 넘는 경제발전을 통해 힘이 축적되자, 2003년부터는 세계 평화를 지지하면서 대국으로 발전하겠다는 의미로 화평굴기(和平崛起) 정책을 펼치고 있다.

이미 중국은 독일과 일본을 추월하여 미국에 이어 세계 2위의 경제대국으로 성장했으며, 올해 6월에는 3조 2,000억 달러(3,500조 원)에 달하는 막대한 외환보유액을 자랑하고 있다. 또한 미국 경제는 2008년 0%, 2009년 −2.6%, 2010년 2.8% 성장했지만, 중국은 연평균 10% 이상의 경제성장을 하고 있어 향후 10년 내 중국 경제가 미국 경제를 추월할 것으로 예상하고 있다.

경제 발전과 함께 중국 내수 시장도 빠르게 성장하여, 2020년 시장 규모가 16조 달러로 전 세계 소비의 25%를 차지하는 최대 시장이 될 것으로 예측된다. 중국 내수 소비시장의 확대는 생산자의 공급과 소비자의 구매 활동을 통해 이루어질 것이며, 이는 필연적으로 창고와 운송, 보관 등 물류 기능을 동반할 수밖에 없다. 중국 정부도 물류산업 발전의 중요성을 인식하여 2009년 10대 산업 진흥 계획을 발표하면서 전자, 자동차 등과 함께 물류업을 포함하여 중장기 발전 방향을 제시하고 있다.

이러한 중국 정부 주도하에 이루어지는 내수 소비시장의 확대와 경제 발전에 따른 수출입 물동량의 증가 그리고 고속철도, 고속도로, 공항 건설 등 대규모 물류 인프라 투자는 물류산업관련 기업들에게는 새로운 도전의 기회로 다가오고 있다.

2010년 중국의 물류시장은 1,200조 원에 달하며 향후 발전 가능성도 매우 크다. 이미 수많은 미국과 유럽의 글로벌 물류기업들이 중국의 발전 가능성을 예측하여 대륙에 진출했지만, 아직까지 물류 산업을 대표할 만한 기업은 보이지 않고 있다. 이에 반해 중국 내 로컬 물류기업들은 물류 시장의 재편을 통해 규모를 대형화하면서 점차 서비스 경쟁력도 갖추고 있어, 2020년에는 중국계 대형 물류기업이 등장할 것으로 예상되고 있다.

이 책의 목적은 중국 전역을 누비며 다년간 물류업체에 근무하는 사람들이 직접 경험하며 느끼고 있던 내용들을 정리하여, 물류업에 종사하는 다른 사람들이 중국에 진출할 때 우리와 같은 시행착오를 겪지 않도록 하는 것이다.

이를 위해 중국 경제발전과 주요 정부 정책을 살펴보면서 물류 인프라와 중국 물류의 특징을 연계하여 설명하고 있으며, 중국 성장 전략의 변화에 따른 중국 물류의 도전과 미래에 대해서도 언급하고 있다. 또한 마지막 부분에서는 물류비 절감과 배송 리드타임 단축을 위해 글로벌 물류업체들이 현장에서 직접 적용하고 있는 개선 사례들을 요약했다.

늦은 봄 시작했지만 벌써 가을이 되었으니, 올해는 시간이 참 빨리 지나갔다. 처음에는 가벼운 마음으로 시작했지만 근무하면서 책을 저술한다는 것이 결코 쉽지 않다는 것을 알 수 있었고, 중간에 여러 가지 어려운 시기도 많았다. 그러나 함께 노력하여 이러한 결과를 만들어 냈으니 마음 한구석이 따뜻하다. 그동안 주말을 잊고 고생하신 모든 분들께 감사를 드린다.

특히, 어렴풋한 아이디어와 치기어린 열정을 실체화하고 끝까지 격려를 아끼지 않은 심경섭님과 광범위한 자료 수집과 현장 체험을 바탕으로 한 조언으로 큰 기여를 한 안종채님과 함께 졸작 탄생의 영광을 나누고 싶다.

이 책을 읽는 독자들에게도 많은 도움이 있기를 기원한다

목 차

Part III. 중국 물류의 특징 · 123

Part I

중국 경제와 물류

제1장
세계 속의 중국

아시아를 넘어 세계로

영국의 유명한 경제지 이코노미스트(Economist) 2010년 마지막 호를 보면, 한 해를 정리하며 독자들에게 두 가지 화두를 던지고 있다.

첫 번째는 지난 42년 동안 미국 다음의 경제 규모를 자랑하던 일본을 추월한 중국 경제가 어느 시기에 미국 경제를 앞지를 것인가, 두 번째는 미국의 힘을 바탕으로 국제 통용어로서의 위력을 발휘하고 있는 영어가 언제까지 지속될 것인가 하는 문제를 던지며 이에 대해 설명하고 있다.

1949년 국가 설립 이후 우리들에게 중국은 넓은 영토와 13억이 넘은 인구를 가진 죽(竹)의 장막에 가려져 있는 공산국가로 생각되어 왔다. 그러나 지난 10여 년 동안 중국 경제가 보여 준 발전 속도는 놀라운 현상이었으며, 글로벌 넘버 2로 성장한 경제력과 막강한 군사력의 결합은 중국을 어느 나라도 무시하지 못하는 강대국으로 변모하게 하였다. 이제 중국은 아시아를 넘어 전 세계에 자신의 목소리를 강하게 드러내고 있다.

강대국으로서의 중국의 모습은 작년 9월 일본명 센카쿠(尖閣) 열도 (중국명 댜오위따오, 釣魚島)를 놓고 중국과 일본이 겨룬 힘 싸움에서 알 수 있다.

2010년 9월 8일 센카쿠 열도 주변에서 중국인 선장 잔치슝(詹其雄)의 어선이 일본 해상보안청 순시선과 충돌하여 일본 검찰에 체포되었다. 이로 인해 촉발된 양국 간의 공방에서 중국은 원자바오 총리의 유엔 총회 참석 발언과 일본 엔화 국채 매입 가능성 경고 및 희토류 수출 금지라는 강펀치로 일본을 전방위 압박했다. 결국 이를 견디지 못한 일본 정부가 체포 17일 만에 중국인 선장에 대한 처분을 보류하고 석방하면서, 일반인들의 예상을 깨고 중국은 너무 쉽게 일본을 굴복시켰다.

일본은 1960~70년대의 경제발전을 토대로 "일본을 팔면 미국을 두 번 살 수 있다"는 이야기를 들으며 경제적인 황금기를 누렸다. 또한 1980년대 후반에는 전자업체인 소니(SONY)가 콜롬비아 영화사를 인수하였고, 또 다른 일본 기업이 미국인들에게 상징적인 의미가 있는 록펠러 센터를 매입함으로써 미국 사회에 커다란 충격을 주었다. 한때 <떠오르는 태양(Riging Sun)>이라는 제목의 할리우드 영화까지 나오게 했던 막강한 경제력을 과시했던 일본이, 힘없이 중국에 무너지는 모습을 보면서 사람들은 중국의 파워를 인지하기 시작했고 이후 중국은 거침없는 행보를 하고 있다.

〈 2010년 주요 일지 〉
● 9월 7일 – 중국어선 선장 체포
● 9월 15일 – 유엔총회 정상회담 취소
● 9월 19일 – 일본 선장 구속기간 연장
● 9월 22일 – 중국, 일본 회담 제안 거절
● 9월 23일 – 중국, 희토류 수출 중단 및
　　　　　　　일본인 4명 구속
● 9월 24일 – 일본, 선장 석방 발표

이러한 중국에 대해 전문가들은 2차 세계대전 이후 미국과 자웅을 겨루던 소련(구 러시아)과 달리 미국을 진정으로 위협할 수 있는 국가라고 평가하며, 향후 세계는 미국과 중국 양강(兩强)이 이끌어 갈 것이라 예측하고 있다.

소련은 막강한 군사력을 기반으로 지난 50년 동안 미국과 대응할 수 있었다. 그러나 결국 국내 경제력이 뒷받침되지 못하여, 1990년대 고르바초프의 '페리스트로이카(개혁) 정책'을 추진하는 과정에서 10여 개 국가로 분열되며 힘을 잃었다. 하지만 중국의 경우 군사력과 함께 경제력을 구비하여 세계의 경찰국가로 일컬어지는 미국에 대한 유일한 대항마로 언급되고 있다.

중국 경제의 숨겨진 힘

불과 10여 년 전만 해도 전문가들은 경제적으로 중국이 미국을 넘어설 시기에 대해 '2050년이다' 아니다 '2040년이다'라고 논쟁하며 미래를 예상했다. 그러나 어느 순간 2027년으로 앞당겨지더니 현재는 10년 이내인 2019년에 중국 GDP 규모가 미국 GDP 규모를 추월할 것이라는 가설이 가장 유력하다고 말한다.

경제력을 기반으로 한 중국의 성장은 국제적인 힘의 균형을 다시 재개편할 것이다. 이러한 중국의 경제적·군사적 대국화가 가시화됨에 따라, 한국과 일본 등 동북아시아 주변국은 물론 미국을 비롯한 기존 강대국들의 견제도 심해질 것이다. 그러나 지난 10년간 4배로 성장하며 'Made in China'에서 'Made for China'로 대변되는 막강한 경제력과 3조 2,000억 달러(3,800조 원)에 달하는 막대한 외환 보유액으로 인해, 중국이 가고자 하는 길에 큰 걸림돌은 없을 것이다.

그러면 중국의 경제를 말하기 전에 먼저 현재 세계 경제를 이끌어 가고 있는 미국의 경제 상황이 어떠한지 살펴보도록 하자.

산업혁명 이후 영국은 전 세계에 광활한 식민지를 가지며 '해가 지지 않는 나라'로 불렸던 강대국이었다. 그러나 제1, 2차 세계대전을 경험하면서 막대한 전쟁 비용 등 재정 지출과 국내외 경기 침체로 인해 점차 경제적 우위를 잃게 되었다. 결국 영국은 1970년대 국제통화기금(IMF)으로부터 구제금융을 받을 정도로 경제적 어려움을 겪게 된다.

미국은 1929년 10월 24일 '검은 목요일'로 불리는 뉴욕 주식시장의 대폭락으로 시작된 경제 대공황을 경험하며 단련된 경제력과 독일, 일본과의 2차 세계대전을 통해 증강된 군사력을 이용하여, 영국으로부터 경제적 패권을 이어받아 오늘날이 이르게 된다.

이후 미국은 금본위제도에 따라 35달러에 금 1온스를 지불하기로 약속했다. 그러나 1971년 8월 영국이 요청한 미국 달러와 금의 교환에 대해 "더 이상 미국 달러와 금의 교환은 없다"고 선언한 금태환정지(닉슨쇼크) 이후, 미국 중앙은행은 국가가 보유한 금의 규모와 상관없이 달러를 발행하고 있다.

2008년 글로벌 금융위기에서도 경험했듯이 이러한 양적 완화 정책을 통해 그동안 미국 시장은 세계 경제성장의 원동력으로 경제발전을 이끌어 왔다. 하지만 쌍둥이 적자로 일컬어지는 막대한 재정적자와 무역적자의 누적으로 인해 점차 경제적인 파워를 잃어가고 있으며 현재의 미국 정부 정책은 다른 국가들에도 경제적 리스크(Risk)로 존재하고 있다.

얼마 전 우리나라의 외환보유액이 3천억 달러(350조 원)로 사상 최고액에 도달했다며 언론과 정부에서 대대적으로 홍보를 했다. 이에 비해 2010년 말 기준 미국 GDP는 14조 6,241억 달러이나 채무 총액은 14조

252억 달러로 채무 비율이 **GDP** 총액의 96%를 차지하고 있다.

2%의 이자율로 계산한다면 미국 정부가 1년에 이자로만 지급하는 금액이 3천억 달러에 달해 매년 우리나라 외환보유액만큼 미국의 채무 금액에 대한 이자 비용이 지불되고 있다. 만약 미국 정부가 지불하고 있는 이자 비용과 원금 상환액을 함께 고려한다면, 어마어마한 금액이 채무 상환에 지불되고 있다는 것을 알 수 있다.

이렇듯 막대한 규모의 채무금액은 미국 정부에 큰 부담으로 작용하고 있다. 이러한 이유로 얼마 전 유럽연합(EU)에서 문제를 제시한 것처럼, 스탠다드 앤 푸어스(S&P)와 무디스 등 국제신용평가회사에서 발표하는 미국의 신용평가 등급이 최고등급(AAA)을 계속 유지하는 것에 대해 의구심을 제기하고 있다.

이에 비해 2010년 말 기준 중국의 **GDP** 규모는 5조 8,786억 달러로 일본 GDP 5조 4,742억 달러를 넘어섰으며, 올 6월 기준 3조 2,000억 달러를 현금으로 보유하고 있어 글로벌 시장에서 큰손으로 인정받고 있다.

실제로 올해 초 후진타오 주석의 미국 순방이나 EU 방문처럼 필요하다고 판단될 경우에는, 보유한 현금을 사용하며 막강한 경제적인 파워를 보여주고 있다.

중국, 가깝고도 먼 나라

흔히들 일본을 가깝고도 먼 나라라고 말하지만, 정작 가까이 있고 하루가 다르게 발전하는 중국에 대해 우리가 가진 시각은, 마오쩌둥이나 덩샤오핑 시절의 국방색 두꺼운 옷을 입고 길거리 먼지 속에서 자전거를 타고 다니는 70~80년대의 옛날 모습만 기억하고 있는 것이 아닌가

싶다.

중국은 1949년 건국 이후 1978년 개혁·개방을 시작하며 1989년 천안문 사태 등의 아픔을 겪기도 했지만, 공산주의와 자본주의의 절묘한 조합을 통해 2001년 WTO에 가입한 이후 세계의 공장으로서 역할을 수행해 왔다.

그 결과 최근에는 10%가 넘는 경제발전과 함께 13억 인구의 내수 시장을 기반으로, 제품을 생산하고 공급하는 위치에서 첨단제품의 연구개발 (R&D) 및 상품 소비시장으로 변모하고 있다.

저 멀리 바다 건너 미국이나 유럽 등 선진국에서는 이미 일찍부터 중국이 가진 잠재력을 깨닫고, 1980년대 후반부터 크라이슬러나 폭스바겐 등 유명 자동차 회사들이 중국 기업과 합작하며 대륙 진출을 시작했다. 얼마 전부터는 구찌(GUCCI)나 샤넬(CHANEL) 등 명품 브랜드들도 빨간색 로고를 새로 만들거나 여성용 가방에 황금색 용을 그려 넣는 등 중국만을 위한 상품들을 제작하여 판매하고 있다.

통계에 의하면 중국 인구의 10%가 중국 전체 부(富)의 80% 이상을 가지고 있다고 한다. 보스턴 컨설팅그룹(BCG)에서 최근 발표한 보고서에 의하면, 현금과 적금, 주식 등을 포함해 투자에 사용할 수 있는 개인 자산이 1백만 달러(12억 원)를 넘는 중국 가정이 112만에 달한다. 이는 2009년에 비해 31% 증가한 숫자이며, 522만 가구의 미국, 153만 가구의 일본에 이어 세계 3위를 차지하고 있다고 한다.

〈중국의 맨해튼으로 불리는 상하이 야경〉

〈구찌(GUCCI) 한정 상품〉

 실제로 중국에서 생활하다 보면, 서울 강남의 아파트보다 비싼 베이
징의 아파트 가격에 놀라게 되고, 시내에서 벤츠는 물론 포르쉐와 페라
리, 벤틀러 등 고급 자동차를 몰고 다니거나 각종 명품으로 치장한 사람
들을 심심찮게 볼 수 있다. 중국에 와서 돈 자랑하지 말라는 의미를 직
접 피부로 느낄 수 있다.

 이 시점에서 우리는 중국에 대해 어떻게 생각하고 있을까 한 번쯤 고
민해 볼 필요가 있다. 중국이라는 나라가 어떤 나라인지 먼저 이해한
후, 중국 경제가 어떻게 지금까지 왔으며 앞으로 어떻게 변해 갈 것인지
예상해 보고, 또한 이러한 경제발전에 따라 중국의 물류산업은 어떤 방
향으로 발전할 것인지 살펴보도록 하자.

제2장
중국의 과거와 현재

5천 년의 역사, 60여 년의 역사

과거 중국은 거대한 영토와 인구, 수많은 천연 광물자원들로 인해, "잠자는 사자(중국)가 깨어나는 날에는 세계의 패러다임이 바뀔 것이다"라는 말을 들었다. 유럽을 정복했던 프랑스의 나폴레옹도 "그녀(중국)가 계속 잠들게 놔두어라"라고 역설적으로 말했던 중국에 대해 알아보도록 하자.

우리나라 역사가 오래되었다고 하지만 중국의 역사는 세계 4대 문명 중의 하나인 황하 문명을 기반으로 시작되었으며, 은나라와 주나라를 지나 춘추 전국 시대에 여러 나라로 나누어졌다. 기원전 3세기 무렵 유럽에서 로마 제국과 카르타고의 한니발이 패권을 놓고 자웅을 겨루던 시기에, 중국은 진(秦)나라의 시황제에 의해 처음으로 통일 국가를 설립하게 된다.

중국 최초의 통일국가를 이룬 진시황은 북방 흉노족의 침입을 막기 위해 만리장성을 쌓는 한편 글자와 무게, 길이를 재는 도량을 통일하여, 중국이 하나의 나라로 운영될 수 있는 기틀을 마련하게 된다.

진시황 이후 중국은 통일과 분열이라는 반복되는 과정을 거치며 찬란한 문명의 꽃을 피웠지만, 19세기 청나라 말기 영국과 프랑스, 독일 등 서양 강대국의 침략과 20세기 일본과의 전쟁 등으로 인해 암울한 시기를 겪게 된다. 그러나 1949년 공산당 마오쩌둥이 국민당과의 전쟁에서 승리하고 베이징에서 중화인민공화국 건립을 선포하면서 새로운 현대사의 역사를 쓰기 시작한다.

마오쩌둥은 대약진운동과 문화대혁명으로 아픔을 주기도 했지만, 청나라 붕괴 이후 혼란의 시기에 작은 소규모 정당에 불과했던 공산당을 기반으로 과거의 진시황과 같이 거대한 중국을 통일한 위대한 인물로 존경받고 있다. 지금도 중국의 수도인 베이징의 천안문 광장에 가면 붉은 빛깔의 자금성 정문 위에 커다란 마오쩌둥의 사진을 볼 수 있다.

마오쩌둥에 이어 국가 주석에 임명된 덩샤오핑은 150cm밖에 안 되는 작은 키였지만 전 세계로부터 '작은 거인'이라 불렸다. 그는 중국 경제의 낙후성을 극복하고 국민들의 민생고를 – 특히 먹을 것 – 해결하기 위해 개혁·개방 정책을 추진했다. 이러한 덩샤오핑의 실용주의 사상은 검은 고양이든 흰 고양이든 쥐만 잘 잡으면 된다는 '흑묘백묘론(黑猫白猫論)'에 잘 나타나 있다.

덩샤오핑의 뒤를 이어 장쩌민이 최고 지도자에 임명되면서 천안문 사태 등 자본주의 시장경제의 도입에 따른 어려움이 있었다. 그러나 1990년대 중국은 세계의 공장으로서의 모습을 갖추며 경제가 발전할 수 있는 기틀을 마련할 수 있었다. 이는 현재 중국의 최고 지도자인 후진타오 시대에 와서 빛을 보고 있으며, 향후 10년을 이끌어 갈 중국의 차기 지도자로 생각되는 시진핑 시대에는 더 크게 빛을 볼 것이라 예상되고 있다.

마오쩌둥　　　　덩샤오핑

장쩌민　　　　후진타오

염제(炎帝)와 황제(黃帝)의 후예

　우리나라는 단일 민족이라는 표현을 사용하지만, 중국은 5천 년에 걸친 기나긴 역사 발전 과정을 거치면서 형성된 다민족 통일국가이다. 중국인들은 중국에서 태어나고 자라난 사람이면 어느 민족에 속하든 관계없이 모두 염제(炎帝)와 황제(黃帝)의 후예라는 중화민족(中華民族) 사상을 가지고 있다.

　중국 정부에서 600만 명을 동원하여 조사 발표한 인구센서스에 의하면 중국의 전체 인구는 대한민국 인구의 27배인 13억 3,972만 명으로 56개 민족으로 구성되어 있다. 각 민족 중에서도 한족의 인구가 가장 많아 91.5%를 차지하고 있으며, 한족을 제외한 몽골족, 위구르족, 티베트족, 만주족, 조선족 등 55개 소수민족이 전체 인구의 8.5%를 차지하고 있다.

　이들 소수민족들은 비록 인구수가 적지만, 중국 서쪽의 신장웨이우얼자치구와 서남지역 시짱자치구의 티벳, 동북 지역의 만주 등에 거주하고 있다. 이들이 거주하는 대부분의 지역은 초원과 삼림 지대로써 면적

이 매우 넓고 천연 광물자원 매장량이 많으며, 경작하는 농작물의 종류
도 매우 다양하다.

이러한 한족 중심의 인구 분포와 동부 연안지역 중심의 거주 지역 불
균형은 시짱 자치구의 티벳과 신장웨이우얼 자치구 위구르족의 독립운
동이나 최근 발생한 네이멍구 자치구의 반중(反中) 시위처럼 중국 사회
에 불안감을 줄 수 있다. 그러나 중국 정부의 강력한 의지와 정책으로
인해 큰 변화는 없을 것으로 예상된다.

이들 소수민족이 거주하는 지역의 자원은 무궁무진하다 말할 수 있
다. 이를 위해 중국은 2006년 티베트 고원을 가로지르는 칭장철도(青藏
鐵路)를 개통하여 관광객 유치뿐만 아니라 티벳 지역에 매장되어 있는
금강석, 마그네슘, 철, 석탄 등 70종이 넘는 지하자원 개발에도 활용할
수 있도록 준비하고 있다.

특히 신장웨이우얼 자치구는 중국 정부로부터 '양식 창고', '기름 단
지', '석탄 바다'로 불리고 있는 천연자원의 보고(寶庫)이다. 이 지역은
중국 영토의 6분의 1을 차지하고 있으나 30% 이상이 불모의 땅인 사막
이지만, 2009년에는 향후 60년 동안 사용할 수 있는 매장량 1,900억 톤
의 석탄 광맥이 발견되기도 했다.

또한 신장웨이우얼 자치구 지역에서 채굴 가능한 석유 매장량은 100
억 배럴 이상으로 예상되고 있다. 주요 지하광물자원 매장량을 보더라
도 중국 전체 매장량 대비 석유는 50%, 천연가스는 34%, 석탄은 36%의
비중을 차지하고 있는 전략적으로 매우 중요한 지역이기에, 우루무치
등 주요 도시에 대규모로 한족을 이주시키고 있다.

중국의 면적은 960만 제곱킬로미터로 러시아와 캐나다에 이어 세계 3위의 영토를 자랑하고 있다. 동쪽으로는 북한과 인접해 있고 동북부와 북부 그리고 서쪽으로는 러시아, 몽골, 카자흐스탄, 타지키스탄 등과 남쪽으로는 인도, 파키스탄, 아프가니스탄, 베트남, 라오스 등과 국경을 마주 하고 있다.

이러한 넓은 영토를 관리하기 위해 중국 정부는 전국을 크게 성(省), 현(縣), 진(鎭) 3등급으로 나누고 있으며, 그중에서 성급(省級)은 성, 자치구(自治區), 직할시(直轄市), 특별행정구(特別行政區)를 포함하고 있다.

중국은 대만을 포함한 전 국토를 32개의 행정구역으로 나누어 관리하고 있다. 32개의 행정구역은 다시 23개의 성과 시짱 자치구(티벳), 신장 웨이우얼 자치구 등 5개의 자치구로 구분되며, 상하이, 충칭 등 대도시는 4개 직할시로 나누어 관리되고 있다.

또한 1997년 영국이 반환한 홍콩과 1999년 포르투갈이 반환한 마카오는 경제적 독립과 자치권을 인정하는 특별행정구로 지정하고 있다.

성(省)과 자치구는 다시 현(縣), 자치현(自治縣), 시(市), 자치주(自治州)로 구분되며, 현과 자치현은 향(鄕)과 진(鎭)으로 나누어진다. 직할시와 비교적 큰 규모의 시(市)는 다시 구(區)와 현(縣)으로 구분되고, 자치주는 현과 자치현으로 세분화되어 있다.

■ 4개 직할시(直轄市)

베이징(北京), 티엔진(天津), 충칭(重慶), 상하이(上海)

■ 23개 성(省)

허베이성(河北省), 산시성(山西省), 랴오닝성(遼宁省), 지린성(吉林省),
장쑤성(江蘇省), 저장성(浙江省), 안후이성(安徽省), 칭하이성(青海省),
푸젠성(福建省), 장시성(江西省), 산둥성(山東省), 허난성(河南省),
후베이성(湖北省), 후난성(湖南省), 광둥성(广東省), 하이난성(海南省),
쓰촨성(四川省), 구이저우성(貴州省), 윈난성(云南省), 샨시성(陝西省),
간쑤성(甘肅省), 타이완성(台湾省), 헤이룽장성(黑龍江省)

■ 2개 특별행정구(特別行政區)

홍콩(香港) 특별행정구, 마카오(澳門) 특별행정구

■ 5개 자치구(自治區)

광시좡족자치구(广西壯族自治區), 네이멍구자치구(內蒙古自治區),
닝샤후이족자치구(宁夏回族自治區), 티벳 또는 시짱자치구(西藏自治區),
신장웨이우얼자치구(新疆維吾爾自治區)

1978년 개혁·개방 정책을 실시한 이후 중국 경제는 빠르게 발전하여
오늘날에 와서는 미국과 경쟁하는 경제 대국의 반열에 올랐다. 식량과
철강, 석탄 등의 생산량은 세계 1, 2위를 다투고 있으며 원자력, 우주항
공, 생명공학 등 첨단 분야에서도 세계적인 수준을 자랑하고 있다.

특히 동부 연안지역은 일찍부터 경제 문호를 개방하여 션전, 상하이,
광저우, 샤먼, 원저우 등 도시들은 해외로부터 많은 투자 자금과 기술을
유치할 수 있었다. 이렇게 축적된 동부 연안지역의 자금과 기술력은
1990년대 중국의 경제발전을 이끌었던 성장 원동력으로서의 역할을 수
행했다.

이러한 동부 연안지역 중심의 문호 개방은 중국 각 지역의 경제발전에 있어 지역적 불균형을 초래할 수밖에 없다. 경제와 기술이 발달하여 도시화된 동부 연안지역과 농업과 목축업 등 전통적인 방법으로 생계를 이루어 가는 서부 내륙 지역이 각각 서로 다른 모습을 보여 줄 수밖에 없었다.

2010년 중국의 GDP 규모는 5조 8,786억 달러로, 대만을 제외한 31개 성(省)과 시(市)의 평균 성장률은 13.4%이며, 지역의 GDP 총액이 1,500억 달러를 넘은 곳도 2005년 6개 지역에서 17개 지역으로 증가했다.

이들 31개 성과 시 중에서 유일하게 상하이만 9.9% 성장하였으며, 티엔진이 17.4%의 성장률로 1위를 차지하는 등 나머지 30개 지역은 모두 10% 이상의 높은 고성장을 보여 주고 있다.

또한 처음으로 광둥성과 장쑤성의 GDP 총액이 6,000억 달러를 돌파하였으며, 광둥성과 장쑤성, 산둥성 3개 지역의 GDP가 중국 GDP 총액의 3분의 1을 차지하고 있음을 알 수 있다.

2010년 대한민국의 GDP는 9,500억 달러이나 향후 경제성장률이 4% 전후로 예상되고 있다. 2010년대에도 10% 이상의 고성장으로 예상되고 있는 중국 각 지역들의 발전을 생각한다면, 광둥성, 장쑤성 등 성(省)이나 상하이 등 대도시의 GDP 총액이 대한민국 전체 GDP를 초과하는 것도 그리 먼 미래의 일은 아닐 것이다.

경제 발전의 Keyword, 도시화

중국의 도시는 활력이 넘친다. 하루가 다르게 높은 건물들이 계속 들어서고 있으며 새로운 기회의 땅에 또 다른 성공 신화를 꿈꾸는 젊은이들이 끊임없이 도시의 문을 두드리며 들어오고 있다.

이러한 중국의 도시화는 1978년 덩샤오핑의 개혁·개방 실시 이후 1982년 9월 제12기 전국대표회의에서 '중국적 특색을 지닌 사회주의'라는 원칙이 채택되면서 시작되었다. 이후 당시 대다수의 사람들이 거주하고 있는 농촌 지역에서 먼저 변화가 일어나기 시작했다.

또한 1980년대 초에는 정부 국영기업인 인민공사에 의해 집단농업체제로 운영되던 방식이 개별 농가에 의한 농업체제로 전환되었다. 이러한 개혁 변화가 농촌으로부터 도시까지 확대되어, 개인에 의한 사적 소유기업들과 주식회사들이 하나둘씩 등장하기 시작한다.

이와 함께 주요 도시의 급속한 발전과 공업화에 따른 산업 노동 인력의 필요성으로 도시 인구가 빠르게 성장하였다. 개혁·개방 정책 이후 도시화로 인해 소득 및 생활 차이는 점점 커지게 되었으며, 이러한 변화는 과거 중국 정부가 취했던 도시 성장 억제 정책까지 수정토록 만들게 된다.

도시화가 진전됨에 따라 농촌에서도 다양한 경제 활동으로 농민들 간의 소득 격차가 커지게 되어 농촌의 잉여 인력들이 증가하게 되었다. 이들은 새로운 기회를 찾아 다시 도시로 진출하여 근무하게 되며, 1990년대와 2000년대 산업 역군으로 일하게 된다.

훗날 '농민공(農民工)'으로 불리는 이들은 저임금과 낙후된 근무환경 등으로 고생하기는 했지만 중국이 제조업 분야에서 경쟁력을 가지고 세계의 공장으로 성장할 수 있는 기틀을 마련하게 된다.

오늘날의 중국이 있기까지 보이지 않는 음지에서 묵묵히 자신의 역할을 수행한 농촌에 기반을 두고 도시에서 근무한 농민공을 '1세대 농민공'이라 한다면, 2010년 중국 공산당 중앙위원회 1호 문건에서 처음 언급된 1980년 이후 출생하여 산업현장에서 근무하고 있는 농민공을 '신

세대 농민공'이라 부르고 있다. 중화전국총공회가 발표한 '신세대 농민
공 조사 보고'에 의하면, 신세대 농민공은 이전의 1세대 농민공과는 다
른 특징들을 보여 주고 있다.

이들 신세대 농민공들은 고졸 이상의 학력 소지자가 **60%** 이상으로
비교적 학력이 높으나 전문기술이 부족하다. 또한 1세대 농민공들이 대
부분 고향에서 가정을 이룬 후 홀로 도시에 와서 공장 등 제조업에 주로
근무했던 것과는 달리 결혼하지 않은 미혼으로 도시에서 근무하고 있다.
일을 하는 주요 목적도 자기계발과 새로운 발전 기회를 찾기 위해서이며,
힘든 제조업에서 일하기보다는 서비스업 등 근무를 선호하고 있다.

신세대 농민공은 2억 명이 넘는 전체 농민공 중 약 1억 명 이상으로
추정되어 이미 농민공들의 주류를 이루고 있다. 이들은 새로운 직장을
찾을 때에도 단순히 임금이 많다는 것 이외에 근무환경과 자기계발 기
회, 향후 비전 등 다양한 요인들을 고려하고 있다.

도시화가 진전됨에 따라 1990년에는 **26.4%**에 불과했던 중국의 도시
화율(전체 인구 중에서 도시에 거주하는 인구의 비중)은 크게 높아지고
있다. 2010년 기준 도시에 거주하는 인구는 6억 6,557만 명 이상으로
49.7%를 차지하고 있으며, 지난 2000년과 비교하면 도시 인구 비중이
13.5% 증가했다.

지역적으로도 동부 지역의 인구가 전체 인구의 **37.9%**를 차지하고 있
으며, 서부지역 **27.1%**, 중부 지역은 **26.8%**, 동북 지역 **8.2%**를 기록하고
있다. 또한 발전된 동부 연안지역뿐만 아니라 내륙의 서부지역까지 빠
른 속도로 도시화가 확산되고 있음을 알 수 있다. 이러한 중국 도시화의
특징으로는 정부 주도의 광역 경제권 확대와 신도시 위주의 건설 추진
을 말할 수 있다.

광역 경제권의 확대는 오늘날 베이징 중심의 환보하이, 상하이 중심

의 양자강 삼각주 그리고 홍콩과 션전, 광동 중심의 쥬쟝 삼각주를 꼽을 수 있으며 이들 광역 경제권은 다시 시속 300㎞ 이상의 고속철도 건설과 고속도로 확대로 연결되어, 베이징에서 아침 식사를 한 후 상하이에서 점심을 먹을 수 있는 일일생활권으로 점차 변모하고 있다.

이러한 중국의 도시화는 교통 인프라의 발달을 필수 기반으로 진행되기에 물류 산업의 성장에 있어서 매우 중요한 요인으로 작용하고 있다. 경제발전에 따른 2, 3급 이하 도시들의 증가와 티벳, 신장웨이우얼 자치구를 포함한 중서부 내륙 낙후 지역의 도시화 등으로 인해, 향후 중국 내 물류 산업의 발전 가능성은 매우 크다고 볼 수 있다.

자원의 무기화와 녹색 경제

중국은 넓은 국토를 가지고 있고 석유, 석탄 등 천연 지하자원도 풍부하니, 석유 한 방울 나지 않는 우리나라로서는 부러울 뿐이다.

중국은 지하자원의 매장량이 엄청날 뿐만 아니라 거의 모든 광산 자원들을 가지고 있는 몇 안 되는 나라 중의 하나로 150종이 넘는 광산 자원이 있는 것으로 탐측되었으며, 일부 광물은 중국에만 존재하는 것도 있다고 한다.

현재 중국에서 가장 많이 소비되는 에너지인 석탄을 보면, 베이징 부근의 따퉁(大同), 카이러(開灤) 등 주요 탄광으로부터 채광되고 있다. 중국의 석탄 생산량은 세계 제1위로 글로벌 석탄 생산량의 30%를 차지하고 있다. 또한 중국은 산유국으로 풍부한 석유 자원과 천연가스 매장량을 자랑하고 있다.

천연 광물자원을 보더라도 텅스텐, 주석, 아연 등의 매장량이 세계 1

위이다. '첨단산업의 비타민'이라 불리는 희토류에 대해서도, 글로벌 희토류 추정매장량 1억 5,000만 톤 중 중국에 있을 것이라 추정되는 매장량이 8,900만 톤으로 57.7%를 차지하고 있으며, 전 세계 희토류 생산량의 97%를 공급하고 있다.

특히 희토류는 첨단 기술이 발달하며 항공기 제트엔진과 하이브리드 자동차, 첩보위성 통신체계, 무인 전투기, 미래 전투시스템의 레이저 무기 등은 물론 재생 에너지 분야와 풍력발전용 터빈 등 녹색 기술의 응용 분야에도 없어서는 안 되는 필수적인 자원으로 각별히 주목받고 있다.

그러나 매우 복잡한 생산 단계를 거쳐야 하고 특히 희토류 함유 광물을 추출하여 분리하는 과정에서 환경 재앙을 초래할 가능성이 높아, 미국이나 호주 등 선진국에서는 발굴을 포기했다.

이러한 희귀 광물을 중국은 일찍부터 그 중요성을 인지하고 이에 대해 준비하고 있었다. 이미 1992년 덩샤오핑이 "중동에 석유가 있다면, 중국에는 희토류가 있다"고 말했으며, 같은 해에 국무원은 희토고신기술산업개발구를 설립하여 본격적인 희토류 응용 분야의 연구를 진행했다.

1999년 3월 장쩌민도 "희토류의 응용 및 개발 분야를 향상시켜야 하며, 희토류를 중국의 경제적 우위 수단으로 적극 전환해야 한다"고 말하며 희토류의 전략적 중요성을 강조했다. 이후 국가계획위원회는 2002년 외상투자 희토산업관리 잠정규정을 제정했다.

다른 국가들이 채산성과 경제적인 손익을 저울질하며 손을 놓고 포기하고 있을 때, 눈에 보이지 않는 곳에서 차근차근 준비하던 중국은 마침내 2010년 9월 일본과의 힘겨루기에서 희토류 수출 금지라는 자원 무기를 사용하여 손쉽게 승리할 수 있었다.

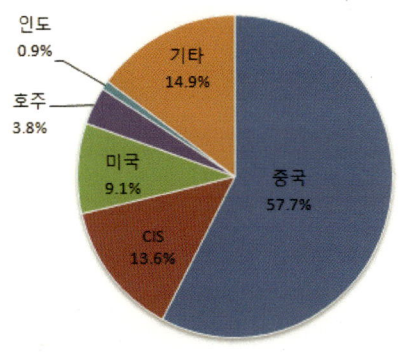

〈국가별 희토류 추정 매장량〉

지하자원 확보 차원을 넘어 자국의 풍부한 광물자원들을 무기화하려는 이러한 중국의 행보에 대해 세계 각국에서 우려하는 시선이 많다. 그러나 만약 다른 관점에서 중국 정부가 고민하고 있는 내부 문제들을 함께 생각해 본다면, 우리는 중국의 또 다른 측면들도 이해할 수 있다.

중국은 그동안 석유와 석탄 등으로 대표되는 화석 연료를 기반으로 10%가 넘는 경제성장을 뒷받침해 왔다. 그러나 '자원의 블랙홀'로 일컬어지는 지금까지의 중국 경제 구조를 유지하면서 미래에도 지속적인 성장이 가능할 것인가에 대해 생각해 본다면 대답하기 어려울 것이다.

중국 정부는 기본적인 경제 구조를 바꾸지 않는 한 어렵다는 것을 알고 있다. 이미 2010년에도 전년 대비 에너지 소비량이 11.2% 크게 증가하였으며, 중국은 전 세계 에너지의 20.3%를 소비하면서 최대 에너지 소비국이 되었다. 따라서 현재와 같은 모습으로는 세계 최대의 온실가스 배출국이라는 불명예를 벗어날 수 없음은 물론 향후 에너지원 확보에도 어려운 상황이다.

특히 중국이 세계 석탄 소비량의 48.2%를 차지하면서 석유도 10.6%를 소비하고 있지만, 국가 전체 소비량이 아닌 중국인 1인당 에너지 소비량을 생각해 보면 문제가 심각하다는 것을 알 수 있다.

중국인 1인당 에너지 소비량이 OECD 국가 1인당 평균 소비량의 30% 밖에 안 된다는 사실은 앞으로 중국의 에너지 소비량이 급수적으로 늘어날 수 있다는 가능성을 말해 주는 것으로, 중국은 물론 다른 국가들에도 큰 부담이 되고 있다.

앞으로 중국 경제가 발전함에 따라 1인당 에너지 소비량은 점점 더 증가될 것이고 결국은 화석 연료만으로는 에너지 수급 및 공급에 어려움이 있을 수밖에 없다. 따라서 중국은 새로운 대안을 찾아야 하며, 이에 대해 중국 정부는 향후 10년 동안 60개가 넘는 원자력 발전소를 건설할 계획을 추진하고 있다.

화석연료에 대한 또 다른 대안인 풍력발전을 보면, 이미 2009년 풍력발전 설비 용량에서 중국은 기술 선진국인 독일을 추월하여 세계 2위를 기록했다. 2010년에는 전년 대비 무려 62%에 달하는 설비 투자가 이루어져, 중국은 미국을 제치고 세계 1위로 올라섰다.

희토류가 필수적으로 사용되는 이러한 녹색 기술의 필요성은 중국 경제발전의 새로운 동력으로 떠오름과 동시에 중국 정부가 고민하고 있는 에너지 문제들에 대해서도 해답을 줄 수 있다.

따라서 이러한 중국 정부의 정책에 발맞추어 중국 내 로컬 물류업체들도 유럽이나 미국의 글로벌 물류업체처럼 온실가스 감축 및 에너지 효율성 제고를 위해, '녹색 물류(Green Logistics)'에 관심을 기울여야 할 시기가 도래하고 있다.

제3장
경제성장과 물류의 발전

새로운 경제발전 동력

중국 경제는 지난 32년간 개혁·개방을 거치면서 지속적인 성장세를 유지하여 경제 규모와 1인당 국민소득이 크게 증가하는 성과를 거두었다. 이러한 중국 경제의 주요 성장 원인은 강력한 정부 정책 주도하에 이루어진 사회 안정과 시장화 개혁, 전략적인 대외 개방 및 해외자본과 첨단 기술의 도입 등을 말할 수 있다.

특히 중앙 정부는 기업 활동을 장려하는 친상(親商) 정책을 시행하며 국내·국외 투자를 적극적으로 유치하고, 수출 환급세와 위안화 환율 유지 등의 경제 정책을 통해 대외 무역을 적극 지원하였다. 각 지방 정부도 투자 기업에 대한 세금 감면과 저가 토지 공급, 환경보호 기준 완하 등의 정책을 시행하며 외국 기업들을 경쟁적으로 유치했다.

이러한 정부의 정책적인 지원을 통해 지난 10여 년간 중국 경제는 세계가 놀라는 괄목할 만한 성장을 이루었지만 또한 이로 인해 여러 가지 구조적인 경제, 사회 문제들이 나타나게 된다.

중국 경제가 글로벌 넘버 2로 크게 성장했다고 하지만, 국민총생산액

대비 무역총액 비율인 무역의존도가 50%를 상회할 정도로 대외무역에 대한 의존도가 지나치게 높아졌다.

또한 미국과 어깨를 겨루는 경제 대국이 되었으나, 소득 분배의 불균형으로 인한 부유층과 빈곤층의 양극화 현상이 심화되었다. 소득수준 상위 10%와 하위 10% 계층 간의 격차는 1985년 2.9배에서 2007년 23배로 확대됐고, 최근 조사에 따르면 무려 격차가 55배까지 늘어나게 되었다.

도시와 농촌에 거주하는 사람들의 소득 수준도 3배 이상으로 차이가 크게 생겼다. 얼마 전 중국 정부의 싱크 탱크인 사회과학원은 '2011년 사회청서'를 통해 중국의 소득분배 불균형을 측정하는 지니계수(Gini's Coefficient)를 발표했다. 이에 의하면, 중국은 소득분배 불균형을 측정하는 지니계수(Gini's Coefficient)가 이미 불공평 경계선인 0.4를 크게 넘어선 것은 물론 0.5도 초과했다. 이는 중남미의 브라질에 대한 평가와 비슷한 수치로, 중국의 사회 불안에 대한 리스크(Risk)가 증가하고 있음을 알 수 있다.

또한 대규모 무역흑자로 인한 미국의 중국 위안화(RMB) 평가절상 압력과 경제성장에 따른 물가 인상 및 2007년 이후 매년 20% 이상 상승하고 있는 인건비로 인해, 중국은 세계의 공장으로서의 제조업 경쟁력과 원가 경쟁력을 잃어 가고 있다. 따라서 지속적인 경제성장을 유지하면서 사회를 안정화시키기 위해서는 새로운 성장 동력과 경제 모델이 필요한 시점에 도달했으며, 중국 정부도 일찍부터 이러한 문제점들에 대해 정책 목표를 수립하여 추진하고 있다.

2006년 중국 정부는 제11차 5개년 계획(2006~2010년)을 발표하였다. 기존의 해외 무역에 의존하는 성장 방식에서 벗어나면서 중국 내부적으로는 빈부격차를 완화하여 사회를 안정시키는 한편, 중산층을 확대하고 내수 시장 기반 구축을 강화하기 위해 '중국 내수 소비시장의 활성화'를 정부의 주요 정책으로 제시했다.

가령 예로 2009년에는 내수 전자제품의 소비를 진작하기 위해 가전 하향 정책(농촌에서 가전제품을 구입할 경우 정부에서 13%의 보조금을 지급함)을 전국적으로 확대했다. 2011년부터 2015년까지 진행되는 제12차 5개년 규획에서도 중국 내 소비 중심의 내수 확대 전략을 크게 강조하고 있다.

경제 전문가들에 의하면 중국의 내수 소비시장은 빠른 속도로 발전할 것으로 예상되고 있다. 비록 2008년에는 미국의 6분의 1 수준이었지만, 2020년에는 16조 달러 규모로 성장하게 되어 전 세계 소비의 25%를 차지하는 최대 시장이 될 것으로 전망되고 있다.

미국의 대표적인 패스트푸드 체인점인 KFC 사례만 보더라도, 중국에 있는 3,700개 매장의 총 매출액은 20억 달러(약 2조 2300억 원) 이상을 기록하여 미국에서의 매출액 12억 달러를 크게 넘어섰다. 미국 최대의 자동차 회사인 GM도 같은 사례이다. 2010년 GM은 중국에서만 235만 대를 판매하여 미국 내에서의 판매량보다 13만 6천 대를 더 판매함으로써, 처음으로 중국 내 자동차 판매량이 미국을 넘어서게 되었다.

중국 내수 소비시장의 발전은 상하이와 베이징 등 기존의 대도시 이외에도 다롄이나 시안, 장사, 우한 등 2급 이하 도시들의 개발과 발전을 동반할 것이다. 이러한 새로운 소비시장이 등장함에 따라, 중국 기업과 글로벌 기업들 간의 치열한 경쟁이 예상되고 있다.

이미 마케팅에 능한 글로벌 회사들은 중국 정부의 정책 변화를 사전에 준비하고 있다. 매점을 낼 때 가장 까다롭게 심사하며 고가 정책을 유지한다는 하겐다스(Haagen-dazs)도 이미 광둥성의 중소형 도시인 회이저우(惠州)에까지 매장을 오픈하기 시작했다. 중국 내수 시장의 발전은 생산자의 제품 공급과 소비자의 구매 활동을 통해 이루어지지만, 만

약 창고와 운송, 보관으로 대표되는 물류 기능이 약하다면 제대로 소비 시장이 발전될 수 없다.

따라서 중국 정부는 2009년 10대 산업 진흥 계획을 발표하면서, 자동차, 전자업 등과 함께 물류업을 포함하여 중장기 발전 방향을 제시하고 있다. 앞에서 살펴본 것처럼, 중국은 해외자본 유치 및 기술 도입을 통한 대외무역 확대라는 지금까지의 경제 모델을 바꾸면서, 내수 시장의 발전을 통해 새로운 경제발전의 동력을 찾으려고 노력하고 있다.

중국 정부의 정책에 따라, 내수 소비시장은 고속도로와 고속철도, 공항 등의 물류 인프라 구축과 병행하여 발전할 것이며, 이러한 중국 내수 시장의 발전은 물류업에 종사하는 사람들에게 '새로운 도전의 기회'로 다가오고 있다.

성장하는 중국 물류

중국 물류 산업에 대한 거시 지표를 보면, 사회 물류비 총액은 약 20조 달러(125조 RMB)로 추정되고 있다. 2010년 중국 정부의 교통, 운수 부문에 대한 재정 지출 규모는 330억 달러에 달해, 중앙정부 예산 총액의 4.5%를 차지하고 있다. 제12차 5개년 규획 기간 중 사회물류는 연평균 14% 성장할 것으로 예상되며, 물류 산업도 연평균 13%의 성장이 전망되고 있다.

그러나 중국의 물류 시장 개방의 역사는 길지 않다. 중국의 물류 시장은 2004년에 들어서면서 유통업 분야가 대외적으로 개방되기 시작했고, 2005년 해외 물류기업의 독자 진출이 허용된 이후 본격적으로 시작되었다. 중국 경제가 발전되고 수출입 물동량이 늘어나면서, 중국 내 로컬 물류업체들도 과거 중소규모의 영세한 경영에서 벗어나 빠르게 성장하며, 글로벌 기업과도 견줄 수 있는 경쟁력 있는 모습을 갖추어 가고 있다.

2000년대 들어 DHL, SCHENKER, UPS, EXPEDITORS 등 유럽과 미국의 글로벌 물류기업들이 중국 및 아시아의 성장 시장에 초점을 맞추며 경쟁적으로 중국에 진출하면서 중국 내 물류서비스에 대한 경쟁이 치열해지고 있다. 또한 수출입 교역이 증가하면서 중국 내 로컬 물류기업들이 대형화 글로벌화되어 해외로 진출하는 사례들도 점차 늘어나고 있다.

유럽계 항공사인 루프트한자(LH)가 1985년 이후 화물수송 분야에서 전세계 항공사 중 1위를 기록했지만, 2004년 우리나라 국적사인 대한항공(KE)이 1위를 기록한 이후 작년까지 6년 동안 선두 자리를 지키고 있었다.

순위	〈항공사 화물 운송 순위〉 항공사	백만(kg)
1	Cathy Pacific Airways	9,587
2	Korean Air	9,487
3	Emirates	7,913
4	Lufthansa	7,422
5	Federal Express	7,421
6	Singapore Airlines	7,001
7	China Airlines	6,410
8	UPS Airlines	5,215
9	EVA Air	5,166
10	Cargolux	4,901
11	Air France	4,736
12	British Airways	4,494
13	KLM	3,698
14	Asisna Airlines	3,386
15	Air China	3,320
16	Qatar Airways	3,041
17	LAN Airlines	2,908
18	Thai Airways	2,857
19	Delta Airlines	2,790
20	China Eastern Airlines	2,533

순위	〈선사 컨테이너 물동량 순위〉 선사	TEU
1	APM-Maersk	2,340,774
2	Mediterranean Shg Co	1,985,034
3	CMA CGM Group	1,281,966
4	Evergreen Line	615,145
5	COSCO Container Lines Co.Lt	608,472
6	Hapag-Lioyd	596,982
7	APL	578,105
8	CSAV Group	542,979
9	Hanjin shipping	514,031
10	CSCL	492,372
11	OOCI	413,556
12	MOL	407,747
13	NYJ Line	407,388
14	Hamburg Sud Gruop	318,050
15	Yang ming Marine Transport Co	348,428
16	K Line	334,167
17	Zim	331,345
18	Hyundai M.M	315,305
19	PIL(Pacific Int. Line)	263,164
20	UASC	236,747

그러나 올해 6월 국제항공운송협회(IATA)가 발표한 '2010년 세계 항공 수송 통계'에 의하면, 작년에 대한항공이 최대 실적을 기록했음에도 불구하고 캐세이퍼시픽항공(CX)에 밀려 2위를 기록했다. 캐세이퍼시픽항공은 홍콩에 근거를 두고 있는 중국계 항공사로 중국 정부의 전폭적인 지원을 받고 있으며, 향후 중국 경제의 발전 속도와 수출입 물동량 증가를 고려할 때 대한항공이 캐세이퍼시픽항공을 극복하기는 어려울 것으로 예상되고 있다.

해상의 경우에도 AXS-알파라이너(Alphaliner)가 발표한 자료에 따르면, 조선 강국인 우리나라에서 최대 컨테이너 선사인 한진해운이 지난해 8위에서 2010년은 한 계단 내려간 9위, 현대상선은 18위를 기록하고 있다. 그러나 중국계 선사인 코스코(COSCO)는 2009년 7위에서 5위로 두 계단 상승했으며, 차이나 쉬핑(China Shipping)도 10위를 기록하고 있다.

중국 물류산업 전망

2011년부터 2015년까지 진행되는 제12차 5개년 규획에 의한 경제 사회의 발전은 물류산업의 성장에 있어 커다란 기회 요인으로 작용할 것이다. 철강, 자동차, 기계장비 등 중공업이 동부 연해지역을 중심으로 이루어지고, 노동 집약형 산업이 충칭, 시안 등 내륙지방으로의 이동이 가속화될 것으로 예상된다. 이에 따라 중국 내 제품, 자재의 이동 및 유통 물동량이 증가될 것이며, 도로, 철도, 항만, 공항 등의 물류 인프라도 함께 병행하여 발전할 것이다.

또한 그동안 상대적으로 관심이 적었던 2급, 3급 이하의 도시 수량 증가 및 중서부 지역 도시 개발을 통해 도시 인구의 증가가 예상된다. 따라서 이를 지원하기 위한 중국 정부의 교통 인프라 건설에 대한 대규모 투자가 이루어질 것으로 예상되며, 물류산업의 발전에 크게 기여할 것으로 전망된다.

글로벌 경영컨설팅사인 A.T 커니(A.T Kearney) 보고서에 의하면, 중국 물류 산업의 발전 단계를 아래와 같이 4단계로 구분하여 정의하고 있다. 1단계 시작[起步]은 정부 독점에서 개방 단계로 진입하는 과정이며, 2단계 축적[積累]은 시장에 물류업체들이 진출하면서 경쟁이 가속화되는 시기이다. 3단계 집중[集中]은 업종 간 구조조정 및 재통합 발생되어 집중도가 증가하며, 마지막 4단계 연맹[聯盟]은 대형 물류 기업 간의 협력관계가 조성되는 시기이다.

현재 중국의 물류산업은 2단계인 축적에 위치하고 있지만, 2015년에는 3단계인 집중으로 발전할 것으로 예상하고 있다. 즉 현재의 중국 물류 산업은 시장 집중도가 낮고 경쟁이 심화되고 있으며 서비스 종류가 단순하고 차별성이 없다고 보인다. 그러나 향후 5년간 물류산업의 지속적인 재편을 통해, 어느 정도 이상의 규모와 서비스 역량을 갖춘 물류업체들을 중심으로 시장이 재편되어 발전할 것으로 전망하고 있다. 전문가들은 이러한 과정들을 통해 초대형 중국계 물류기업이 탄생할 수도 있다고 예상하고 있다.

이는 그동안 수많은 글로벌 물류업체들이 중국에 진출했지만 현재까지 성공적으로 중국 시장을 장악한 기업이 없다는 사실과 중국 경제의 지속적인 고성장 및 교통 인프라 구축, 내수 시장 활성화에 따라 선진 물류업체와 비교될 수 있는 경쟁력 있는 거대 물류기업의 등장을 전망하고 있다고 말할 수 있다.

이러한 변화 과정을 통해 중국의 물류산업은 고품질 종합 물류서비스 추구로 업종 간 경계선이 모호해지면서 물류산업의 구조조정 및 재통합이 이루어질 것이다. 또한 B2B와 B2C 등 인터넷을 활용한 전자상거래의 급속한 팽창과 기업의 물류 서비스에 대한 수요 증가로 물류 네트워크가 지방 소도시까지 확산될 것으로 예상된다.

내수 시장의 발전과 더불어, 온실가스 감소를 위한 이산화탄소(CO_2) 배출량 감축 등 녹색환경을 위한 중국 정부의 압력이 가중될 것이다. 이로 인해 물류 기업들은 원가 구조와 손익에 영향을 받게 될 것이며, 보다 경쟁력 있는 새로운 라우트(Route)를 찾을 수밖에 없다.

특히 2009년 중국 정부가 2020년까지 전국 이산화탄소 배출량 목표를 2005년 배출량의 40~45% 수준으로 감축하는 것으로 결정하면서 중국에서도 저탄소 경제가 본격화되고 있음을 알 수 있다. 물류산업 역시 에너지 소비 및 탄소 배출의 주요 산업에 해당하기에 저탄소경제는 글로벌 트렌드(Trend)에 발맞추어 물류업체 간 경쟁에 있어서도 중요한 핵심 요인이 될 것이다.

따라서 물류업체는 운송 노선과 물동량의 효율적인 배치 및 복합운송 등 다양한 운송 모드의 연계를 통한 물류 네트워크 최적화로 물류 에너지 낭비를 최소화할 수 있도록 노력해야 한다. 에너지 사용이 많은 낙후된 물류 장비의 현대화 및 자원 재활용과 친환경 회수물류에 대한 공급사슬 개발 등 전략적 접근을 통해 저탄소 경제 시장의 요구에 맞도록 방향 전환을 모색해야 한다.

또한 앞에서 언급한 것처럼 중국 경제의 발전에 필요한 새로운 성장 동력과 경제 모델로써 내수 소비시장의 활성화를 국가 정책으로 정하여 추진하고 있다. 정부 주도하에 중국 내수시장 중심의 전략이 추진되면서 이와 관련된 대규모 물류 인프라 투자가 이루어지고 있으며, 이러한 물류 인프라의 구축 및 소비시장의 확대는 물류산업이 크게 발전될 수 있는 밑거름이 될 것이다.

얼마 전 중국 교통부의 발표 자료에 의하면, 도로는 400만㎞를 넘어섰고 고속도로도 7만 4,100㎞로 미국에 이은 세계 2위의 고속도로 대국이 되었다. 2015년까지 베이징을 중심으로 18개의 주요 고속도로망을 추가 건설하게 되면, 10만 8,000㎞로 증가되어 20만 인구 이상 도시들의 90%가 연결될 것으로 예상되고 있다. 그러면 현재 중국의 고속도로와 철도, 항공, 해상 등 물류 인프라 현황이 어떠한지 앞으로 어떻게 발전될 것인지 살펴보도록 하자.

Part II

중국 물류 인프라

제1장
철도(鐵道)

과거와 현재 그리고 미래

중국은 참 이상한 나라다. 평일 오후 낮 시간이지만 한가롭게 차를 마시며 여유를 즐기며 카드놀이를 하는 만만디 왕(王) 서방도 있고, 비즈니스맨으로서 하루를 48시간처럼 사용하며 이윤을 찾아 바쁘게 뛰어다니는 미스터 장(張)도 있다. 유럽 전체를 합한 것보다도 면적이 넓은 중국은 우리들의 시각과 생각으로는 이해하기 어려운 과거와 현재 그리고 미래가 공존하는 나라이다.

얼마 전 베이징과 상하이를 연결하는 징후 고속철도 개통으로 중국이 한동안 시끄러웠다. 중국에서 가장 큰 두 도시인 베이징과 상하이는 정치와 경제 중심지이지만, 서울과 부산을 왕복한 거리보다 더 먼 1,300㎞가 넘는 긴 거리이다. 따라서 기차를 이용한다면 10시간 이상이 소요되기에, 일반적으로 비즈니스 출장 등의 업무를 볼 때는 비행기를 주로 이용하게 된다.

그러나 공산당 창립 90주년인 7월 1일을 하루 앞둔 지난 6월 30일 중국 자체기술로 개발한 징후 고속철도가 정식 개통하여 이동 시간이 절반 이하로 줄어들었다. 중국 정부는 베이징을 중심으로 중국의 모든 중심 도시들을 연결하여, 주요 도시들을 일일생활권으로 묶는 야심 찬 고속철도 프로젝트를 추진하고 있다.

물론 신문이나 방송을 통해 알 수 있듯이 무리한 고속철도 건설기간 단축과 시속 400km 이상을 보여 주기 위한 속도 경쟁으로 인해 문제가 되고 있다. 그러나 중국은 현재 보유하고 있는 고속철도 기술력을 활용하여 동남아시아, 중앙아시아 및 러시아 등 주변 국가들과 고속철도를 건설하기 위해 협의 중에 있다. 또한 중국 남부 쿤밍과 태국, 라오스를 연결하는 국제 고속철도는 2014년에 준공될 계획이며, 카자흐스탄 등 중앙아시아 및 러시아와는 2025년 완공을 목표로 논의하고 있다.

이미 중국은 독일, 프랑스, 일본 등과 함께 고속철도와 관련된 첨단 기술력을 인정받고 있으며, 세계 최대 시장인 미국에 대해서도 플로리다와 캘리포니아의 고속철도 프로젝트에 참여할 예정이다.

독일의 철도 전문기관인 SCI/VERKEHR GmbH에 의하면, 고속철도를 포함한 철도운송은 이산화탄소로 인한 지구 온난화를 줄일 수 있는 녹색 교통수단으로 주목을 받고 있으며, 고유가와 민자시장 성장 및 수요 증가로 인해 연간 4.5% 성장할 것으로 전망되고 있다. 또한 2010년 세계 철도시장의 규모는 200조 원을 넘어섰으며, 2015년에는 세계 철도시장이 약 250조 원에 이르는 거대한 시장으로의 성장이 예상된다.

현재는 유럽연합인 EU가 가장 큰 시장으로 자리를 잡고 있으나 향후에는 아시아와 CIS 지역 시장이 급성장할 것으로 기대된다. 특히 중국 정부의 강력한 의지와 국내 경기 부양 및 인프라 투자 등 중장기 계획 추진으로 인해 고속철도를 포함한 중국 내 철도산업은 대규모로 확장될 것으로 예상되고 있다. 이러한 중국의 철도 현황에 대해 지금까지의 모습은 어떠했는지 살펴보고 다가오는 미래에는 어떻게 발전될 것인지 알아보도록 하자.

개요

1876년 12월 서양자본 투자로 개통된 14.5km의 상하이와 우쑹(吳淞) 간 철로가 중국 최초의 철도였으나, 영국 등 강대국의 침략을 우려한 청나라 황실의 지시로 인해 1년 만에 중지되었다. 이후 1908년 상하이와 난징(南京)을 연결하는 후닝(滬寧)선과 1909년 중국 자체 기술이 적용된 베이징과 내륙의 장지아코우(張家口) 구간 등이 일부 개통되었으나, 일본과의 전쟁에서 패하기 전까지는 정부 차원의 개발이 거의 이루어지지 않았다.

그러나 일본과의 전쟁 이후 물자 수송의 중요성을 깨닫고 철도를 구축하기 시작했으며, 특히 마오쩌둥의 지시로 1949년 중화인민공화국 철도부가 신설되어 1950년대에 50여 개의 간선과 70여 개의 지선을 건설하기 시작했다. 1979년 덩샤오핑이 개혁·개방 정책을 실시하면서 탄력을 받기 시작하여 1988년까지 약 1만 8,000km 길이의 철도가 새로 구축되었지만, 시장 수요에 비해 턱없이 부족한 철도 공급과 노후화된 장비 및 시설로 인해 기대했던 기능을 제대로 발휘하지 못했다.

이에 1980년대 후반 중앙정부와 철도부 사이에 경제계약 책임제도를 도입하면서 중국철도의 재정부문이 중앙정부의 재정부문으로부터 독립하여 철도부 자체적인 의사결정이 가능하게 되었다. 의사결정 주체도 중국 철도부 부장에서 지역 철도국 국장으로 분리하여 지역의 재정적 권한을 늘리고 빠른 의사결정이 가능하도록 했다.

또한 철도, 역사 등 인프라 구축과 시설, 장비 구입에 필요한 자금을 확보하기 위하여 중국 철도부와 지방 정부 이외에 조인트 벤처(Joint Venture) 참여를 허용하였다. 1997년부터 2007년까지는 중국 철도의 기반 시설 정비와 속도 향상을 목적으로, 총 6차에 걸친 '속도 향상 프로젝트'를 실시하였다.

2005년 3월에는 중앙정부가 철도부 조직개편을 통한 중국철도 체제 개혁을 단행하면서, 종전 철도부-철로국-철로분국-철도역의 4단계 관리하던 체계를 철도부-철로국-철도역의 3단계로 관리체계를 단순화하였다. 이전의 10개 철로국 산하의 41개 철로분국을 폐지하고 철로국의 수를 15개에서 18개로 증가시키는 등 간소화하였다. 중국 철도는 국영철도, 합자철도, 지방철도로 구분되며, 철로국 산하의 철도역은 규모에 따라 6개 등급으로 나누어 관리하고 있다.

■ 철로국(鐵路局)

> 하얼빈(哈爾濱), 션양(沈陽), 베이징(北京), 정저우(鄭州), 지난(濟南),
> 상하이(上海), 우루무치(烏魯木齊), 류저우(柳州),
> 쿤밍(昆明), 란저우(蘭州), 청두(成都), 시안(西安), 타이위엔(太原),
> 우한(武漢), 난창(南昌), 후허하오터(呼和浩特) 등 16개 철로국
> 광저우(廣州), 칭장(靑藏) 등 2개 철로공사(鐵路公司)

중국은 남북으로 약 5,500km, 동서로 5,200km에 이르고, 면적은 우리나라의 국토의 약 97배인 960만km²로써, 세계 3위의 국토 넓이를 자랑하는 국가이다. 중국 정부는 이러한 넓은 면적을 효율적으로 연결하기 위해 남과 북, 동과 서를 연결하는 '8종(縱) 8횡(橫)'으로 불리는 8개의 종단 철도와 8개의 횡단 철도로 나누어 철도 주간선을 관리하고 있다.

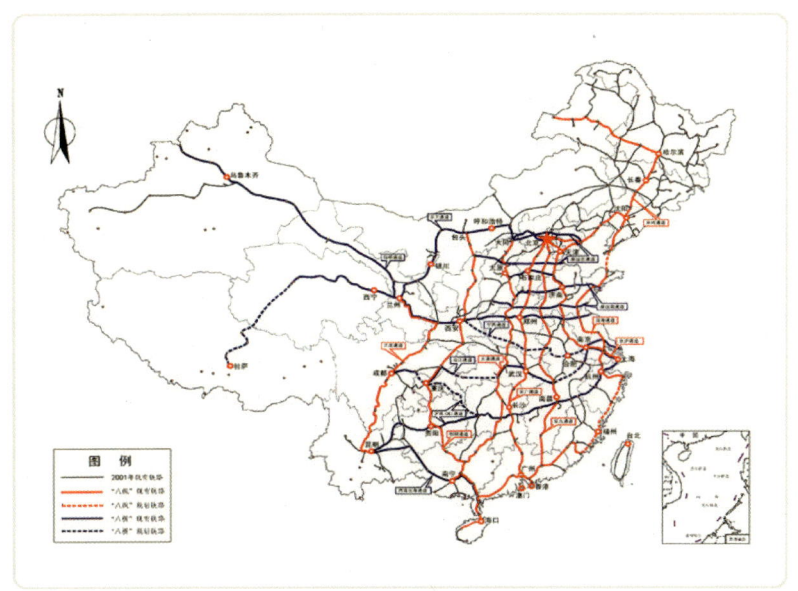

〈중국 철도－8종(縱)과 8횡(橫)〉

중국 종단 철도－8종(縱)

중국의 종단 철도인 8종(縱)은 베이징을 중심으로 중국의 남부 지역
과 북부 지역을 연결하는 8개의 주요 철도를 말한다. 베이징~하얼빈, 션
양~광저우, 베이징~상하이, 베이징~홍콩, 베이징~광저우, 다통~잔쟝, 빠
오토우~류저우, 란저우~쿤밍 등 8개 노선으로 이루어져 있다.

1. 경합통도(京哈通道)

중국의 수도인 베이징으로부터 만주 제1의 도시인 션양(沈陽)을 지나
가장 북쪽에 있는 헤이룽쟝성(黑龍江省)의 성도이며 얼음 축제인 빙등

제로 유명한 하얼빈과 러시아와의 접경 도시인 만주리까지 이르는 총 길이 2,300㎞의 동북부를 종단하는 철도이다.

베이징으로부터 하얼빈까지 1,400㎞의 경합선(京哈線)과 하얼빈부터 만주리까지 900㎞의 빈주선(濱洲線)으로 구성되어 있으며, 현재 베이징과 러시아의 수도인 모스크바 간 국제열차가 운영되고 있는 철도이다.

2. 경구통도(京九通道)

베이징을 출발하여 허저(菏澤), 샹츄(商丘), 난창(南昌), 션전(深圳)을 경유하여 홍콩의 구룡(Kowloon)까지 연결되는 총 길이 2,500㎞의 철로이다.

3. 경호통도(京滬通道)

정치 1번지인 베이징과 중국의 대표적 경제도시인 상하이를 연결하는 철도이다. 베이징으로부터 티엔진 직할시 및 중국 내 전자유통업에서 제일 큰 기업인 쑤닝(SUNNING)의 본사가 있는 난징 등 주요 도시들을 경유하여 상하이에 이르는 1,500㎞의 주간선이다.

4. 경광통도(京廣通道)

중국의 중부 지역을 관통하는 대표적인 철로이다. 베이징을 출발하여 스쟈장(石家庄), 정저우(鄭州), 우한(武漢), 창사(長沙) 등을 경유하여, 작년 아시안게임을 개최한 중국 남부의 광저우(廣州)에 이르는 총 길이 2,300㎞의 철로이다.

5. 동부연해철로(東部沿海鐵路)

랴오닝성(遼寧省) 션양에서 광둥성(廣東省) 잔장(湛江)에 이르는 4,200 km의 철로로, 발해만에 위치한 다롄(大連)에서 바다 건너 산둥성 옌타이 (烟臺)까지의 구간은 170km의 열차페리 해상루트로 운영되고 있다.

옌다(烟大) 열차페리라고 불리는 이 노선은 2003년에 착공하여 2007 년 정식 개통한 구간으로 전 세계 30여 개에 불과한 열차페리 노선 중의 하나로 해상구간 경유를 4시간가량 운영하고 있다. 만약 상하이까지 연결된다면 기존 육상을 통한 운송보다 1,600km 이상 단축이 가능한 효율적인 철도 노선이다.

6. 란곤통도(蘭昆通道)

간쑤성(甘肅省) 성도인 란저우(蘭州)와 남쪽의 윈난성(雲南省) 성도인 쿤밍(昆明)을 연결하는 종단철도로, 샨시성(陝西省)의 바오지(寶鷄), 쓰촨성(四川省) 청두(成都) 등을 지나 쿤밍까지 연결되는 총 길이 2,200km 의 철도이다.

7. 포류통도(包柳通道)

북쪽에 있는 네이멍구자치구(內蒙古自治區)인 빠오토우(包頭)에서 광시좡족 자치구(广西壯族自治區) 장족자치구(壯族自治區)인 류저우(柳州)와 난닝(南寧)을 연결하며, 중국의 중부와 서부지역을 관통하는 3,000 km 길이의 철도이다.

현재 중국 정부에서 대규모 투자를 진행하고 있는 서부대개발 프로젝트의 대표 도시들인 시안(西安)과 충칭(重慶) 등을 경유하고 있다.

8. 대담통도(大湛通道)

석탄 생산으로 유명한 산시성(山西省) 따퉁(大同)과 광둥성(廣東省)의 잔장(湛江)을 경유하여 하이난성(海南省)의 하이코우(海口)까지 연결되는 중부 종단철도이다. 하이난(海南)은 동방의 하와이로 불리는 중국에서 가장 큰 섬으로 2003년 해상 구간에 대해 하이난 열차페리가 개통되어 운영 중이다. 따퉁에서는 북으로 네이멍구자치구를 경유하여 몽고와 시베리아 횡단철도까지 연결되는 철로이다.

중국 횡단 철도-8횡(橫)

중국의 동쪽 지역과 서쪽 지역을 연결하는 8횡(橫)은 석탄 등 자원을 운송하기 위한 주요 철로이다. 베이징~라싸, 따퉁~황흐어, 타이위엔~르자오, 렌윈항~아라샨코우, 난징~시안, 상하이~충칭, 상하이~쿤밍, 쿤밍~잔장 등 8개 노선으로 이루어져 있으며, 각 노선에 대한 설명은 아래와 같다.

1. 육교통도(陸橋通道)

중국 북부 항구도시인 렌윈강(連雲港)으로부터 중국 중앙지역을 횡단하여 중앙아시아까지 이르는 중국횡단철도(TCR: Trans China Railway)이며, 공식 명칭은 신구아대륙교(新歐亞大陸橋, New Eurasia Land

Bridge)이다.

중국횡단철도는 중국 중원을 가로질러 정저우, 루오양, 시안, 란저우, 우루무치 등을 경유하는 핵심 간선이다. 1990년대 후반 UN ESCAP(Economic and Social Commission for Asia and Pacific)의 아시아 횡단철도인 TAR(Trans Asia Railway)의 개발 사업으로 추진되었다.

횡단철도인 육교통도는 장쑤성 롄윈강과 간쑤성 란저우(蘭州) 간 1,794㎞의 룽하이선(隴海線)과 란저우에서 신장웨이우얼 자치구의 우루무치를 경유하여 카자흐스탄과의 국경 도시인 아라샨코우(阿拉山口) 간 2,358㎞의 란신선(蘭新線) 등 2개 철도로 구성되어 있다.

2. 경란통도(京蘭通道)

베이징에서 출발하여 간쑤성(甘肅省) 성도인 란저우(蘭州)를 경유하여 칭하이성(青海省) 시닝(西寧) 및 칭장선(青藏線) 철도와 연계되어 시짱 자치구인 티벳의 라싸(拉薩)에 이르는 총 4,000㎞의 중국 북부횡단철로이다.

칭장선 철도는 세계 3대 고원지대인 청강고원을 통과하는 철도로 2006년 완공되었으며, 전체 구간의 80% 이상이 해발 4,000미터 이상의 고지대를 통과하는 노선으로 가장 높은 해발 고도는 5,000미터가 넘는 곳도 있다.

3. 석탄북통도(煤運北通道)

중국 최대 석탄 생산지인 산시성 북부에서 석탄을 운송하기 위한 철도이다. 내륙 공업 도시인 따퉁(大同)으로부터 허베이성(河北省) 항만인

친황다오(秦皇島) 간 650㎞ 구간 및 산시성 선무(神木)와 동부 항만 도시인 황흐어(黃驊) 간 800㎞로 구성되어 있다.

4. 석탄남통도(煤運南通道)

역시 석탄 운송을 위한 철로이며, 산시성의 성도인 타이위엔(太原)과 산둥성(山東省) 칭다오(青島) 간 950㎞ 구간과 후마(侯馬)~르자오(日照) 간 900㎞로 구성되어 있다.

5. 연강통도(沿江通道)

동부 상하이로부터 서부대개발로 주목을 받고 있는 내륙의 충칭 직할시까지 연결되는 철로이다. 세계에서 3번째로 긴 6,300㎞의 양자강을 횡단하며, 중국 중부지역의 중요 도시인 난징(南京), 동릉(銅陵), 우한(武漢), 쥬장(九江) 등을 경유하는 총 2,200㎞의 철도이다.

6. 영서통도(寧西通道)

진시황의 무덤과 병마용으로 유명한 시안(西安)은 지난 1,000년 동안 중국 13개 왕조의 수도였으며 진, 한, 당, 명나라 시대까지 낙양, 장안 등으로 불리었던 대표적인 고도(古都)이다. 영서통도는 시안으로부터 동부 장쑤성의 성도인 난징에 이르는 1,000㎞의 철도이다.

7. 호곤통도(滬昆通道)

윈난성(雲南省)의 쿤밍(昆明)은 1910년 중국과 인도차이나 반도를 연결하는 철도를 개통하면서 상업과 무역의 중심지 역할을 담당했으며, 현재는 중국 남서부에서 충칭 다음으로 큰 공업도시이자 관광도시로 유명하다. 호곤통도는 쿤밍과 상하이를 연결하는 2,700㎞의 중국 남부 횡단철도로, 항저우, 주저우, 궤이딩, 궤이양 등과 중부 상업 중심지인 이우를 경유한다.

8. 서남출해통도(西南出海通道)

쿤밍으로부터 광둥성 남부 항만도시인 잔장(湛江)까지의 이르는 1,250㎞ 길이의 철로이다.

고속 철도

고속철도는 일반적으로 시속 200㎞ 이상의 속도로 운영되는 고속 열차를 지칭하며, 일본이 1964년 개통한 신칸센 열차가 세계 최초의 고속철도이다. 관련 기업으로는 우리나라 KTX개통 시에도 기술이 도입되었던 프랑스의 테제베(TGV)와 독일의 도이치반(DB: Deutch Bahn) 등이 유명하다.

중국의 고속철도는 2008년 베이징 올림픽을 준비하며 개통한 베이징과 티엔진(天津) 간 징진(京津) 노선 이후 본격적으로 착수되어 비약적인 발전을 이루었다. 올해 4,700㎞가 추가 건설되면 중국 내 고속철도의 총 길이는 2010년 8,300km에서 2011년 13,000km로 크게 증가된다.

필자도 자주 이용하는 베이징과 티엔진 노선의 경우 시속 335km의 빠른 속도로 117km 구간을 30분 만에 도착한다. 베이징난쟌(北京南站) 등 철도역을 포함한 열차 시설이나 운영 수준을 보면, 정말 우리가 알고 있는 중국이 맞는지 깜짝 놀랄 때가 많다.

특히 올해는 중국 고속철도에 있어 의미 있는 중요한 연도이다. 중국 정부는 2010년의 1,060억 달러(110조 원) 투자에 이어 2011년에도 철도 건설 투자를 지속할 계획이다. 이에 따라 수도인 베이징과 경제 도시인 상하이 노선의 6월 말 개통에 이어, 베이징과 남부의 광저우 간 노선 및 베이징과 동북 지역의 하얼빈 간 노선 등 대도시와 연결되는 12개의 고속철도가 개통될 예정이다.

중국 정부의 12.5계획에 의하면 2011년 이후 매년 100조 원 이상의 거액이 투자될 예정으로, 2012년에는 베이징을 중심으로 주요 대도시들과는 8시간 이내로 운행시간이 단축되어 목표로 하는 일일 생활권으로 연계될 전망이다. 이러한 중국 정부의 대대적인 고속철도 투자는 앞에서 언급한 중국경제성장모델 변화를 통한 대외무역 의존도 축소와 중국의 내수 소비시장 활성화 및 그동안 관심이 적었던 2~3급 이하 도시들의 개발을 통한 경제발전 추진이라는 목표와 일맥상통하고 있다.

가령 2008년 징진(京津) 고속철도 개통 이후 티엔진 지역의 소비 매출을 보면, 2008년 말 글로벌 금융위기로 인한 어려움에도 불구하고 전년 대비 2009년 22%, 2010년 19%로 크게 성장했다. 이러한 사례들은 고속철도 개통 이후 타이위엔(太原), 수저우(蘇州) 등 다른 지역에서도 쉽게 찾아볼 수 있다.

마케팅 전문가들의 연구 결과에 의하면, 당일 여행이 가능해지면서 고속철도로 연결된 도시와 도시 간의 쇼핑 여행이 크게 증가했으며, 지역 도시 축제 등의 이벤트(Event) 활성화와 글로벌 패션 기업들의 진출 증가로 인한 인근 상권의 발달 등에 의한 것으로 분석되고 있다. 또한, 향후 고속철도 개통 지역이 늘어날수록 이러한 변화는 더 커질 것이라 예상되므로, 우리 기업들도 이러한 변화에 미리 준비하며 사전 대응해야 한다고 조언하고 있다.

시속 400㎞ 이상의 최고속도를 경쟁하면서 고속철도에 대한 안전 문제와 우한~광저우 노선과 같이 과잉투자로 인한 지방정부의 재정적자 문제도 존재한다. 그러나 중국 내 고속철도 건설을 기반으로 축적한 기술력과 다양한 경험들은, 짧은 기간 내에 중국이 글로벌 고속철도 강국으로 진입하면서 해외에도 진출할 수 있는 밑거름이 되었다.

중국 정부는 다가오는 2020년까지 중국 대륙의 주요 대도시들을 연결하는 고속철도를 개통할 것이다. 앞으로 남북(南北)을 종단하는 베이징~상하이, 베이징~홍콩, 베이징~하얼빈, 항저우~션전 등 4종(縱)과 동(東)과 서(西)를 횡단하는 칭다오~타이위엔, 서주~란저우, 상하이~청두, 상하이~쿤밍 등 4횡(橫) 노선 총 8개의 고속철도 노선을 구축할 예정이다.

철도 중장기 발전 계획

2004년 중국 정부는 철도부가 중심이 되는 중장기 철도망 계획(中長期鐵道網計劃)을 비준·시행하여 2020년까지 중국철도의 발전에 대한 기본 방향을 확정하였다. 제11차 5개년 계획(2006~2010년)과 제12차 5개년 계획(2011~2015년)처럼 5년마다 발표되는 국가발전계획에서도 수송수단별 발전방향과 목표를 설정하여 실질적인 개발과 발전정책을 추진하고 있다.

2020년까지 중국 정부는 약 300조 원의 재원을 투자한다고 발표했다. 주요 내용을 살펴보면 고속철도를 12,000㎞ 건설하면서 2050년까지 계획되어 있는 서부대개발 프로젝트와 연계되도록 철도망을 16,000㎞ 확장하는 등 총 영업거리를 100,000㎞까지 계획하고 있다.

또한 기존 철도의 복선화와 전철화를 통해 노선 활용을 50% 이상 효율화하고, 주요 철도에 대해 여객과 화물을 분리하는 것을 목표로 하고 있다. 철도역사 등 기반 시설과 장비 현대화 및 속도향상과 수송능력 확대를 위해 필요로 하는 자금을 확보하기 위하여, 철도투자 및 융자체제 개혁추진안을 발표하면서, 자금 조달의 다양성 확보와 건설투자 주체의 다원화, 융자방식의 다양화 등도 함께 추진하고 있다.

이와는 별개로 상하이 증시에 상장한 대진공사(大秦公司), 광심공사(廣深公司) 등 철도기업들의 증권시장 상장을 적극 추진하여 철도건설 관련된 채권 발행 규모를 늘리고 철도산업 투자자금의 설립 방안을 모색하는 등 각종 정책도 수립하여 진행하고 있다.

13억이 넘는 인구와 세계 3위의 넓은 면적을 효율적으로 연결하며 급속한 경제발전에 따른 철도 인프라 부족을 해소하기 위해, 지난 2004년에는 '중장기 철도망 구축계획'을 발표하면서, 고속철도 증설을 포함한 동과 서, 그리고 남과 북을 연결하는 '4종(縱) 4횡(橫) 여객전용선'을 추진하고 있다.

2000년대 중반에는 고속열차 운행 시 필요한 차량 개발 및 운영(Operation) 기술이 부족하여 독일의 지멘스와 프랑스 알스톰사 등 외국 회사들로부터 기술을 이전받거나 고속열차 차량을 구매하여 사용했었다.

그러나 중국 정부로부터 정책적으로 지원받고 있는 열차차량 제작업체인 북차집단(北車集團)과 남차집단(南車集團)에 이전된 선진 기업들의 첨단 기술과 그동안의 축적된 제조 경험들을 본인들 것으로 축적하고 있었다. 중국 제작업체들은 이미 전력 변환장치, 견인제어 및 열차 네트워크(Network) 제어 등 핵심 기술들도 본인들 것으로 만들어 국산화를 진행하고 있다.

■ 4종(縱) 노선
- 베이징(北京)~상하이(上海) 구간 징후선(京滬線) 1,500㎞
- 베이징(北京)~광저우(廣州)~션전(深圳) 구간 2,300㎞
- 베이징(北京)~션양(沈陽)~하얼빈(哈爾濱)~다롄(大連) 구간 1,900㎞
- 항저우(杭州)~영파(寧波)~복주(福州)~션전(深圳) 구간 1,600㎞

■ 4횡(橫) 노선
- 란저우(蘭州) ~정저우(鄭州)~쉬저우(徐州) 구간 1,500㎞
- 창사(長沙)~난창(南昌)~항저우(杭州) 구간 1,000㎞
- 타이위엔(太原)~스쟈좡(石家庄)~칭다오(靑島) 구간 900㎞
- 청두(成都)~충칭(重慶)~난징(南京)~상하이(上海) 구간 2,400㎞

1951년 중국과 구소련, 1954년 중국과 북한, 1955년 중국과 베트남 간 국제열차를 개통하면서 주변국과의 철도 연계가 시작되었다. 이후 중국 경제가 발전하면서 점차 확대되었다. 현재는 중국을 출발하여 러시아와 폴란드를 경유, 유럽의 독일 프랑크푸르트까지 연계되는 세계에서 가장 긴 9,800㎞의 철도가 운영 중이다. 또한 선박을 이용한 해상운송 시 40여 일이 소요되던 운송 시간을 철도 이용 시 15일 내외로 대폭 단축하여 물류 경쟁력을 높이고 있다.

그러나 국내철도와 다르게 국제철도는 각 나라의 철로 규격이 다르고 국경을 통과하여 운영되기 때문에, 양국 간의 합의에 따른 운영이 중요하며 절차도 매우 복잡하다.

가령 예로 중국과 러시아, 중국과 몽골 간의 국제열차는 양국 간 궤간(軌間: 철로 넓이)의 차이로 인해 국경 역에서 환적 또는 대차를 교환하여 운행하고 있다. 중국과 베트남 및 중국과 북한(베이징~단동~신의주~평양의 1,400㎞ 구간)은 궤간이 동일하여 대차 교환 없이 국경역에서 객차를 각각 자국의 열차편에 옮겨서 운행하고 있다.

국경역에서는 출입국(Immigration) 관리, 세관(Customs) 신고, 검역(Quarantine) 등의 작업들이 이루어지며, 상대국의 화물열차 도착 시 화물송장의 번역, 인수·인계 및 세관 검사 등이 진행된다.

중국 정부는 이러한 국제철도 연계를 더욱 활성화하기 위해, 신장웨이우얼 자치구와 키르기스스탄, 우즈베키스탄 등 중앙아시아 국가들을 연결하는 노선과 만주, 네이멍구 자치구 등 동북지역과 러시아 간 국제철도 및 중국 남부 윈난성과 베트남, 라오스, 미얀마 등 동남아시아 국가들과의 국제철도 연결을 추진하고 있다.

또한 기존 철도의 운송 능력을 높이고 시설을 현대화하는 한편 베이징, 상하이, 광저우 등 대도시들의 항구와 공항 등 물류 인프라와 연계되어 시너지 효과를 낼 수 있는 철도 컨테이너 터미널을 집중 건설하고 있다.

이미 주요 대도시와 항만 도시를 중심으로 18개의 컨테이너 터미널과 함께 대도시는 아니지만 2, 3급 도시 및 중국 내륙의 화물 집중 지역에 약 40여 개의 컨테이너 터미널을 건설하는 중이다. 이를 통해 해상과 항공, 철도, 도로 등이 유기적으로 연계된 복합 물류 구축을 추진하고 있다.

제2장
도로(道路)

중국 도로의 발전과 분류

산길, 논둑길, 자동차길 등 일반적 의미의 모든 도로가 아닌, 일정한 기술과 표준에 의해 인공적으로 건설되어 자동차 등에 사용되는 근대적 의미의 도로, 특히 포장도로가 중국에 등장한 것은 광시성 룽저우(龍州) 와 전난관(鎭南關)을 잇는 도로가 개통된 1906년으로 보고 있다.

이후 지속된 경제발전과 정부 주도의 투자로 중국의 도로는 다른 운송 수단에 비해 여객 운송량으로는 90% 이상, 화물 운송량으로는 70% 이상을 공헌하고 있다.

2010년 말 기준으로 중국 도로의 총 연장 길이는 무려 400만㎞를 넘는다. 국토 면적 약 960만㎢를 감안한다면, 1㎢당 0.42㎞의 도로가 건설되어 있는 것이다. 한국이 일찍부터 도로 건설에 집중하여 10만여㎢의 국토에 총 연장 약 10만 6천㎞의 도로를 건설한 것에 비하면, 단위 면적당 도로 길이는 짧지만 그 발전 속도는 놀랍다.

제12차 5개년 규획에 의하면 2015년까지 도로 총 연장 450만㎞로 2010년 대비 12.5%를 확장하여 연간 300억 톤의 화물을 도로를 이용하여 운송하도록 할 계획이다.

특히 고속도로는 7만 4천km에서 10만 9천km로 47% 이상 늘릴 계획이니 양적 성장과 함께 질적으로도 도로 상황이 급속도로 개선되리라 예상된다.

이 계획을 달성하기 위해 총 6.2조 RMB(약 1116조 원)를 투입하고, 그 결과로 인구 20만 명 이상의 도시 90% 이상을 도로로 연결할 수 있게 된다. 이는 계속된 경제성장으로 커진 국부(國富)만큼의 통 큰 투자가 뒤따를 수 있기 때문일 것이다.

6.2조 RMB 투자는 이전 제10차 5개년 계획의 9,000억 RMB, 제11차 5개년 계획의 2.2조 RMB(약 396조 원)와 비교해 볼 때 중국 정부의 도로 인프라 건설에 대한 강력한 의지를 알려 주고 있다.

일반적 의미의 도로는 도시 설계 지표 규정(城市規划定額指標暫行規定)에 의해 네 가지로 구분되며, 근대적 의미의 도로에 대해서 중국 정부는 그 기능 및 설계 교통량에 따라 고속도로와 1급~4급 도로 및 등급외 도로로 구분하고 있다.

〈중국 도로의 등급 기준〉

분류설계	속도(km/h)	왕복 차선 수	차선 폭(m)	도로 폭(m)	중앙 분리대
1급	60~80	4개 이상	3.75	40~70	필수
2급	40~60	4개 이상	3.5	30~60	필요
3급	30~40	2개 이상	3.5	20~40	설치 가능
4급	30 이하	2개 이상	3.5	16~30	불필요

전국의 고속도로는 소형차 기준 25,000대/일(日) 이상의 교통량을 소화할 수 있도록 설계 기준을 정하였다. 그 차도 수에 따른 설계 기준은 4차선 25,000~55,000대/일, 6차선은 45,000~80,000대/일, 8차선은 60,000~100,000대/일로 구분된다. 2010년 전국 고속도로의 1일 평균 교통량은 18,155대로 제10차 5개년 계획이 끝난 2005년 말 대비 10.8%가 증가했다.

고속도로와 1급 도로의 설계 수명은 20년으로, 1급 도로는 중요한 정치, 경제, 문화의 중심지를 연결하며, 소형차 기준 15,000~30,000대/일 – 4차선, 25,000~55,000대/일 – 6차선으로 규정된다. 현재 총 연장 6.4만㎞ 정도가 건설되어 있다.

2급 도로의 도로 설계 수명은 15년으로, 소형차 통행량을 기준으로 할 때 7,500~15,000대/일이며, 정치, 경제 중심 지역의 간선 도로 혹은 교통량이 많은 도시 외곽 도로로 규정하여 구분하고 있다. 총 연장 약 31만㎞로 전 도로의 7.7%의 구성비를 보이고 있다.

3급 도로는 현(縣)급 이상 도시의 2차선 지선 도로로 소형차 기준 2,000~6,000대/일의 통행량에 설계 수명은 10년이다. 총 연장 약 39만㎞로 약 10%의 도로가 이에 해당한다.

4급 도로는 진(鎭), 향(鄕)급 도시의 지선 도로로, 60% 넘는 도로가 이로 분류되며, 소형차 기준 2차선 도로는 2,000대/일 이하, 1차선 도로는 400대/일 이하의 통행량 기준에 설계 수명은 10년이다.

7918망으로 대변되는 고속도로

2004년 국무원에서 심의 통과된 중국 도로 교통망 관련 최상위 규정인 '국가 고속도로망 규정(國家高速公路网規則)'은 전 국토를 베이징 중심의 7개 방사선형 고속도로와 남북 종단의 9개 고속도로 및 동서 횡단의 18개 고속도로가 조합된 이른바 '7918망(网)'으로 고속도로 교통망을 기획했다.

7918망은 규모가 총 연장 8.5만㎞에 이르고 연결 도시 내 외곽 순환도로, 연결 지선 등을 제외한 주도로만 6.8만㎞에 달한다.

■ 베이징 중심의 7개 방사선형 고속도로

도로명	도로 번호	구간
징허(京哈)	G1	베이징(北京) ~ 하얼빈(哈尔滨)
징후(京沪)	G2	베이징 ~ 상하이(上海)
징타이(京台)	G3	베이징 ~ 타이완의 타이베이(台北)
징강아오(京港澳)	G4	베이징 ~ 홍콩, 마카오
징쿤(京昆)	G5	베이징 ~ 쿤밍(昆明)
징장(京藏)	G6	베이징 ~ 라싸(拉萨)
징신(京新)	G7	베이징 ~ 우루무치(乌鲁木齐)

■ 동서 횡단 18개 고속도로

도로명	도로번호	구간
쉐이만(绥满)	G10	헤이룽장성 쉐이펀허(绥芬河) ~ 네이멍구 자치구 만저우리(满洲里)
훈우(珲乌)	G12지린성	훈춘(珲春) ~ 네이멍구 자치구 우란하오터(乌兰浩特)
단시(丹锡)	G16	랴오닝성 딴둥(丹东) ~ 네이멍구 자치구 시린하오터(锡林浩特)
룽우(荣乌)	G18	산둥성 룽청(荣成) ~ 네이멍구 자치구 우하이(乌海)
칭인(青银)	G20	산둥성 칭다오(青岛) ~ 닝샤후이족 자치구 인촨(银川)
칭란(青兰)	G22	칭다오(青岛) ~ 간쑤성 란저우(兰州)
롄후오(连霍)	G30	장쑤성 롄윈강(连云港)~ 신장웨이우얼 자치구 후얼궈쓰(霍尔果斯)
닝루오(宁洛)	G36	장쑤성 난징(南京) ~ 허난성 루오양(洛阳)
후샨(沪陕)	G40	상하이(上海)~ 산시성 시안(西安)
후룽(沪蓉)	G42	상하이(上海) ~ 쓰촨성 청두(成都)
후위(沪渝)	G50	상하이(上海) ~ 충칭(重庆)
항뤠이(杭瑞)	G56	저장성 항저우(杭州) ~ 윈난성 뤠이리(瑞丽)
후쿤(沪昆)	G60	상하이(上海) ~ 윈난성 쿤밍(昆明)
푸인(福银)	G70	푸젠성 푸저우(福州) ~ 닝샤후이족 자치구 인촨(银川)
취엔난(泉南)	G72	푸젠성 취엔저우(泉州) ~ 광시장족 자치구 난닝(南宁)
시아룽(夏蓉)	G76	푸젠성 샤먼(厦门) ~ 쓰촨성 청두(成都)
샨쿤(汕昆)	G78	광둥성 샨토우(汕头) ~ 윈난성 쿤밍(昆明)
광쿤(广昆)	G80	광둥성 광저우(广州) ~ 윈난성 쿤밍(昆明)

■ 9개 남북 종단 고속도로

도로명	도로번호	구간
허다(鶴大)	G11	헤이룽장성 허강(鶴岗) ~ 랴오닝성 다롄(大连)
션하이(沈海)	G15	랴오닝성 션양(沈阳) ~ 하이난성 하이코우(海口)
창션(长深)	G25	지린성 창춘(长春) ~ 션전(深圳)
지광(济广)	G35	산둥성 지난(济南) ~ 광둥성 광저우(广州)
다광(大广)	G45	헤이룽장성 다칭(大庆) ~ 광저우(广州)
얼광(二广)	G55	네이멍구 자치구 얼롄하오터(二连浩特) ~ 광저우(广州)
빠오마오(包茂)	G65	네이멍구 자치구 빠오토우(包头) ~ 광둥성 마오밍(茂名)
란하이(兰海)	G75	간쑤성 란저우(兰州) ~ 하이코우(海口)
위쿤(渝昆)	G85	충칭(重庆) ~ 윈난성 쿤밍(昆明)

도로건설 국가 프로젝트의 시작, 5종 7횡(5縱7橫)

5종 7횡(5縱7橫)은 제8차 5개년 계획 수립 시 교통부가 제출했던 초대형 도로 건설 프로젝트로 현재의 고속도로망 건설 계획인 '7918망'의 기초가 된 계획이다.

9,000억 RMB(약 162조 원)의 예산으로 1991년 제8차 5개년 계획 시작연도부터 2020년 제13차 5개년 계획이 끝나는 해까지 30년 동안, 남북 방향의 다섯 개 간선 도로와 동서 방향의 일곱 개 간선 도로가 건설되면, 인구 100만 이상의 모든 도시와 50만 이상의 도시 93%가 연결되어, 총 6억 명이 넘는 인구가 그 혜택을 볼 수 있다. 현재 베이징과 광저우를 연결하는 축을 기준으로 동쪽 연안 인구 밀집 경제발전 지역은 고속도로 위주로 건설하고 서쪽은 1급 및 2급 도로 중심으로 건설하고 있다.

〈5종 7횡의 도로 교통망〉

  총 연장 약 15,590㎞인 중국 대륙을 남북 방향으로 종단하는 5개의 간선 도로망, 즉 '5종(縱)'에 대해서 알아보면 다음과 같다.

1. 통산선(同三線)

  헤이룽장성 퉁장(同江)에서 하이난성 산야(三亞)까지 총 연장 약 5,700㎞의 도로이다. 하얼빈(哈爾濱), 지린성 창춘(長春), 션양(沈陽), 다롄(大連) 등 동북 3성의 주요 도시와 칭다오(青島) 등 산둥성을 지나 장쑤성 롄윈강(連云港), 상하이, 저장성 닝보, 션전, 광둥성 광저우, 잔쟝 등 동남부의 주요 연안 도시를 거쳐 해남도의 하이코우(海口), 산야(三亞)에까지, 경제가 발전되고 교통량이 많은 동부 연안 도시를 경유하는 중국 최장의 도로이다.

2. 징푸선(京福線)

베이징(北京)을 시발점으로 해서 톈진(天津), 산둥성 지난(濟南), 장쑤성 쉬저우(徐州), 안후이성 허페이(合肥), 장시성 난창(南昌), 푸젠성 푸저우(福州)까지 이르는 총 연장 2,540km의 도로이다.

3. 징주선(京珠線)

베이징(北京)을 출발하여 허베이성 스쟈장(石家庄), 허난성 정저우(鄭州), 후베이성 우한(武漢), 후난성 창사(長沙)를 통과하여 광둥성 광저우(广州), 주하이(珠海)에 달하는 2,310km 길이의 도로이다.

4. 얼허선(二河線)

네이멍구 자치구 얼롄하오터(二連浩特)를 기점으로 지닝(集宁), 산시성 따퉁(大同), 타이위엔(太原), 샨시성 시안(西安), 쓰촨성 청두(成都), 윈난성 쿤밍(昆明)을 지나 베트남과의 국경 지역에 있는 허코우(河口)까지 총 연장 3,610km의 도로이다.

5. 위잔선(渝湛線)

충칭(重慶)에서, 구이저우성 궤이양(貴陽), 광시좡족 자치구 난닝(南宁) 및 광둥성 잔쟝(湛江)을 거치는 중국 서남부 지역의 총 연장 1,430km의 도로이다.

'7횡(橫)'이라 불리는 총 연장 약 20,300km인 중국 대륙을 동서 방향으로 횡단하는 각각의 7개 간선 도로망은 다음과 같이 정리할 수 있다.

1. 쉐이만선(綏灣線)

헤이룽장성 쉐이펀허(綏芬河)부터 하얼빈(哈爾濱), 네이멍구 자치구 만저우리(滿洲里)까지 이르는 총 연장 1,280㎞ 길이의 도로이다. 중국 정부는 간선 도로의 완성으로 동북 지역의 자원과 몽고, 러시아와의 산업 연계가 더욱 원활해지리라 기대하고 있다.

2. 단라선(丹拉線)

랴오닝성 딴둥(丹東)을 출발하여 만주의 선양(沈陽)과 베이징을 지나 네이멍구 자치구 지닝(集宁), 후허하오터(呼和浩特), 닝샤후이족 자치구 인촨(銀川), 간쑤성 란저우(蘭州)를 경유하여 티벳의 라싸(拉薩)까지 이르는 이른바 7횡(橫) 간선 도로 중 최장인 총 연장 4,590㎞의 도로이다.

3. 칭인선(靑銀線)

산둥성 칭다오(靑島)에서 시작하여 지난(濟南), 스쟈좡(石家庄), 산시성 타이위엔(太原)을 거쳐 닝샤후이족 자치구 인촨(銀川)에 도착하는 서북부와 동안(東岸)을 연결하게 되는 총 연장 1,610㎞의 도로이다.

4. 롄후선(連霍線)

장쑤성 롄윈강(連云港)을 시발점으로 장쑤성 쉬저우(徐州), 허난성 정저우(鄭州), 샨시성 시안(西安), 간쑤성 란저우(蘭州)를 통과하여 신장웨이우얼 자치구 우루무치(烏魯木齊) 및 카자흐스탄과 국경 맞대고 있는 후얼궈쓰(霍爾果斯)까지 동서를 관통하는 총 연장 3,980㎞의 도로이다.

5. 후룽선(沪蓉線)

상하이(上海) 기점으로 장쑤성 난징(南京), 안후이성 허페이(合肥), 후

베이성 우한(武漢)을 지나 충칭(重慶), 쓰촨성 청두(成都)에 이르는 총 연장 2,970㎞의 도로이다.

6. 후뤠이선(沪瑞線)

상하이를 출발하여 저장성 항저우(杭州), 장시성 난창(南昌), 구이저우 궤이양(貴陽)을 지나 윈난성 쿤밍(昆明)과 뤠이리(瑞麗)에 도달하는 총 연장 4,090㎞의 도로이다.

7. 헝쿤선(衡昆線)

후난성 헝양(衡陽)에서 시작하여 광시좡족 자치구 난닝(南宁), 윈난성 쿤밍(昆明)까지 총 연장 1,980㎞의 도로이다.

확대되는 위상만큼 발전하는 국제 도로운송

러시아, 몽고, 북한의 동북아 국가들과 카자흐스탄, 타지기스탄, 파키스탄 등 중앙아시아 국가들을 비롯하여 베트남, 라오스, 미얀마 등 동남아시아 국가들과 육상으로 국경을 마주 하고 있는 중국은 자연스럽게 국제 도로운송이 활발하게 이루어져 왔다.

운송 여객 수는 연간 약 800만 명으로 주로 러시아, 몽고, 북한 등 동북아 국가와의 이용률이 높아 전체 국제 운송 여객 수의 50% 이상을 차지하고 있다.

화물 운송량은 연간 약 1,600만 톤이며, 역시 동북아 국가와의 이용률이 60% 가까이 되고 그 다음은 동남아 국가와의 이용률이 30% 정도로 높다. 그렇지만 화물량과 그 운송 거리까지 감안한 '톤 ㎞'는 중앙아시아 국가들과 약 4억 8천 톤 km로 약 50%의 비율을 차지한다.

이처럼 적지 않은 운송량에 비해 그 규모와 운송 형태는 아직 중소 규모로 비정기적인 운행을 하고 있다. 국제 도로 운수업에 종사하는 기업이나 개인 중 50대 이상의 차량 규모를 가지고 있는 곳은, 여객은 12곳으로 관련 업체 중 5%에 못 미치고, 화물은 72곳으로 5.5%에 그치고 있다.

국경 통행 허가 형태별로 보면, A종 통행 허가(1년 복수 출입국 허가, 정기 여객 운수)는 최근 5년간 66%가 늘어 2,147건이, B종(1회 단수 출입국 허가, 부정기 여객 운수)은 최근 5년간 72%가 늘어 75,614건이 허가되었으나, 화물 운송인에게 발급하는 C종 통행 허가(1회 단수)는 최근 5년간 142%가 증가한 470,736건이 발급되었다.

중국을 중심으로 한 국제 도로운송은 국제 사회에서 계속해서 높아지고 있는 중국의 정치적 위상과 경제적 필요에 의한 자원과 상품 교류의 확대에 따라 국제 도로운송 관련 협약이 잇달아 보완 체결되고 있고 향후 더욱 안정적으로 발전할 것이라 예상된다.

제3장
항공(航空)

항공산업의 발전과 특징

1505년 레오나르도 다빈치가 나사의 원리를 이용한 헬리콥터 모형을 개발한 이래 하늘을 날고자 하는 인간의 꿈은 1903년 라이트 형제에 의한 동력 비행기가 발명됨에 따라 그 가능성을 보게 된다. 세계 1, 2차 대전 발발과 함께 군용기의 중요성을 인식한 세계 각국은 미국을 선두로 항공산업에 엄청난 투자를 하게 된다. 1, 2차 대전 후 항공 수송산업은 비약적으로 발달하여 2000년대에 이르러 세계 항공 수송 기업은 200여 개社에 이르고, 사용기의 수는 10,000여 대에 이르게 된다.

반면에 중국의 항공 산업은 1970년까지도 근대화된 모습을 보이지 못하고 있었다. 1929년 중국항공공사(中國航空公司)가 12개 노선으로 운항을 시작한 이후에 1978년 덩샤오핑의 개방 개혁 정책 전까지 약 50년 동안 체계적인 민항 정책은 찾아볼 수 없었고 항공기 운영 체제도 구소련에서 도입한 노후화된 기종들이 대부분이었다.

그러나 덩샤오핑의 개혁정책 이래, 1980년 종전 공국 소속이었던 민용항공국이 국무원 산하로 편입되면서 중국민항 CAAC(Civil Aviation

Administration of China)이라는 이름으로 민간항공사업이 본격적으로 시작, 1987년 항공사와 공항에 대한 개혁작업으로 중국 민간항공은 각 지역을 대표하는 6개 항공사를 설립하고 항공사에 대해 자율경영, 독립체산 및 경쟁체제를 유지할 수 있도록 하였다.

또한 정부 차원에서도 항공산업을 강력하게 지원하기로 함에 따라 1993년 4월 중국 민항항공국은 국무원 직속기구로 승격됨과 동시에 중국민항총국으로 개명되었고 이때부터 본격적으로 항공사, 공항, 항로 및 관련 인프라 정비를 강화하게 되어 2005년 11차 5개년 규획 시작 전까지 중국 내 민간공항이 142개에 이르게 된다.

2002년 3월에는 민항사업에 대한 개혁 차원에서 중국 민항국 직속 항공사 및 서비스에 대한 구조조정을 실시하여, 3개의 항공사와 3개의 서비스 회사로 통합하기에 이른다. 따라서 중국 남방항공, 북방항공, 씽깡항공은 중국 남방항공으로, 동방항공, 서북항공, 운남항공은 중국 동방항공으로 그리고 국제항공(Air China), 남서항공, CANC(China Nation Aviation Corporation)은 중국국제항공그룹(China Aviation Group Corporation)으로 각각 통합되었다.

2009년 글로벌 금융위기에 따라 민간항공산업의 경쟁력 강화를 위해 '외상투자 민용항공업 규정'을 실시, 다시 항공사 간 합병을 유도함으로써 2010년에 중국 제5대 항공사인 상하이 항공도 동방항공 그룹으로 재합병되었다.

2011년 12차 5개년 규획에서는 항공산업의 개방과 항공사 간 구조조정을 가속화하겠다는 의지를 담은 중국 정부의 공약이 발표되었으며, 이에 따라 중국 공항은 현재 175개에서 2015년에는 230개로 늘어날 전망이다.

국제 항공협회(IATA)에 의하면 공항 55개가 신설될 경우, 중국 국제

공항 이용객 수가 2009년 4,920만 명에서 2014년 8,210만 명까지 증가가 예상되며, 화물은 2009년 945만 톤, 2010년 1,129만 톤에서 2014년에는 수출입과 내수를 포함할 때 1,665만 톤으로 크

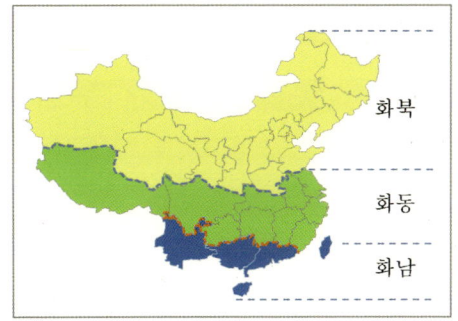

게 증가될 것으로 예상되고 있다. 이러한 중국 항공산업의 발달은 공업단지의 생산 제품군과 각 지리적 특성 및 정부의 정책과 맞물려 각 지역에 맞는 물류 인프라를 발달시켰다.

화북 지역 항공 인프라 및 지역적 특징

화북은 베이징과 톈진 직할시를 포함하고 있으며 또한 자원이 풍부한 동북 3성과 지리적으로 인접하고 있다.

따라서 1978년 4대 현대화 이후 경공업과 중공업이 발달해 왔으며 배후 산업 지대에서 생산되는 의류, 타이어, 원료, 자원 등 해상 위주의 물량과 베이징 중관촌을 중심으로 발달한 IT, Telecom 등 하이테크 중심의 항공물량이 균형을 이루며 성장해 왔다.

대표적인 기업으로 삼성과 그 관계사들이 톈진 서청개발구에 도로 하나를 사이에 두고 넓게 자리 잡고 있으며, 모토롤라, 노키아, 소니−에릭슨, 폭스콘, 현대, 도요타 등도 베이징 인근 지역에 넓게 포진해 있다. 이들 사업장에서 나오는 항공물량들은 베이징 쇼우두 국제공항과 톈진 빈하이 공항을 통해 세계 곳곳으로 수출되고 있다.

베이징 쇼우두 공항의 경우 연간 180만 톤의 항공화물 처리 능력을 갖고 있고 화물량도 매년 6.5%씩 증가하여 2010년에는 157만 톤을 운송하였다.

화북지역 항공사는 베이징에 허브(HUB)를 두고 있는 중국국제항공(Air China)이 시장을 주도하고 있고, 그 외에 대한항공(KE), 동방(MU), 은하(GD) 등 중국계 항공사들과 루프트한자(LH) 등 외국계 항공사들이 주요 항공사로 운영되고 있다. 또한 공항 터미널 운영과 화물 조업은 국제 항공과 BGS(Beijing Aviation Ground Service Ltd.)가 양분하여 운영되고 있다

〈베이징 공항 항공화물 처리 실적〉

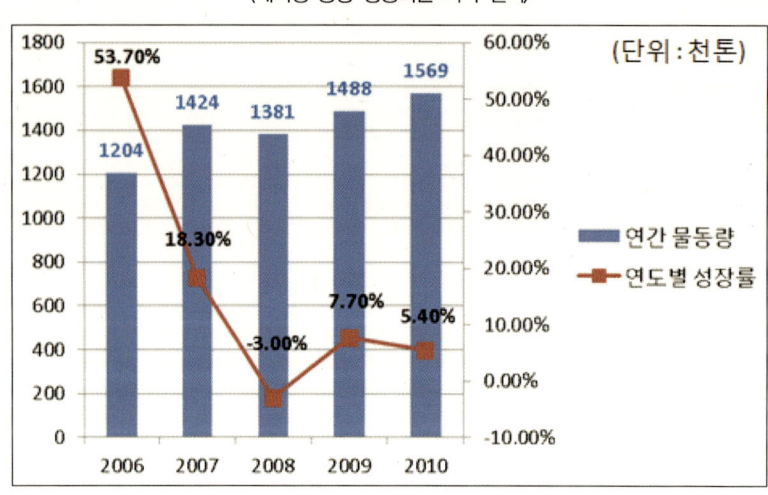

톈진 빈하이 공항은 연간 50만 톤의 화물 처리 능력을 가지고 있으며 2010년에는 20만 톤의 실화물을 처리함으로써 화물선적기준으로 중국 공항 중 11위를 기록하였고 2008년과 2009년 글로벌 금융위기 기간을 제외하면 매년 20% 이상씩 물동량이 지속 증가하고 있다.

이 외에 칭다오(靑島) 리우팅 공항은 산둥성(山東省) 지역의 중심공항으로 연 평균 15%씩 성장하며 2010년에는 화물 처리능력 16만 톤을 기록, 화물처리량 기준 13위를 기록하였다.

그러나 적정 규모의 수요와 공급 균형이 이루어져야 운영되는 항공물류입장에서 본다면 베이징을 비롯한 화북 지역의 경우, 화동과 화남지역에 비해 항공사들의 공급능력(Supply)이 떨어진다는 것은 큰 약점으로 지적된다. 즉 옌타이(煙臺), 웨이하이(威海), 칭다오 등 산동지역에서 해상으로 운송되던 물량들이 성수기에 항공으로 갑자기 전환되어 베이징과 티엔진 공항 등으로 몰릴 경우, 연간 420만 톤 처리능력을 가진 상하이 푸둥 공항이나 850만 톤의 홍콩공항에 비해, 연간 총 운영능력이 230만 톤에 불과한 베이징과 티엔진 공항의 공급 능력만으로 감당하기 어려운 것이 사실이다.

결국 이러한 수요와 공급의 차이는 성수기 항공운임의 급격한 인상으로 화주에게 비용 부담을 전가시키고, 판매에 필요한 안정적인 운송 리드타임 확보에 취약한 문제를 야기하고 있다. 실례로 일부 글로벌 기업은 이러한 항공 인프라 요인으로 기존 티엔진에서 생산하던 라인을 화남으로 옮긴 사례도 있다. 하지만, 최근 베이징 공항도 제4활주로와 터미널 확장 등 화물 인프라 확보에 지속적으로 노력하고 있어 공급 불균형 문제는 조만간 개선될 것으로 보인다.

또한 화북지역의 또 한 가지 특징은 인천 공항과 가까운 지리적 장점을 활용하여 많은 물류업무들이 한국과 밀접하게 관련되어 운영된다는 것이다.

산동 지역의 경우 '제2의 한국'이라는 말처럼 수많은 한국 관련 기업들이 진출해 있고 한국의 대표 항공사인 대한항공과 아시아나 항공의 운송 점유율도 중국 항공사인 중국국제항공(Air China)보다 월등히 높은 편이다. 실제 산동 지역과 인접한 티엔진의 경우 대한항공과 아시아나의 항공 점유율이 25%로, 두 항공사의 중국 내 평균 점유율이 한 자리임을 감안한다면 두 항공사의 티엔진과 산동 지역에서의 점유율이 상당히 높다는 것을 알 수 있다.

한편 베이징, 티엔진 공항의 공급능력 부족에 대한 대안으로 2002년부터 한국과 중국의 '해상－항공(Sea & Air) 복합 연계 운송'이 본격적으로 시작되어 인천 공항 인프라를 활용할 수 있었던 것은 화북 지역의 지리적 장점을 최대한 활용한 사례로서 화북지역 항공 공급 부족해소에 많은 도움을 주고 있다.

해상－항공 복합 연계 운송은 화북지역에서 생산한 제품 및 부품을 인천항까지 해상운송한 후 인천 공항을 통해 세계 각지로 항공운송하는 프로세스로 중국 내륙을 통한 허브 공항 이용보다 더 경쟁력이 있는 것으로 평가된다. 또한 중국의 티엔진, 칭다오, 옌타이와 한국의 인천, 평택을 연결하는 페리(Ferry) 노선이 정기적으로 운항되고 있어 신속성을 확보할 수 있었던 것이 성공의 요인으로 시간이 지남에 따라 이러한 운송 방식도 현재는 많은 기업들이 벤치마킹하여 Sea & Air 노선을 활용하고 있다.

화동 지역 항공 인프라 및 지역적 특징

연간화물을 420만 톤을 처리할 수 있는 상하이 푸둥 공항을 중심으로 하는 화동지역은 중국 정부의 하이테크 제품 집중 육성에 따라 2005년 이후 수저우, 항저우 등 상하이 인근 지역을 포함한 항공 물동량이 연평균 11.7%씩 성장해 왔다. 이는 2009년의 글로벌 금융위기를 제외한다면 연평균 20%에 가까운 성장률이다.

수출물량 증가와 더불어 가공을 위한 자재와 중국 내수 확대에 따른
수입 물량도 급속하게 증가하고 있다. 이러한 수출과 수입의 균형 있는
성장은 항공사가 안정적으로 화물기를 투입할 수 있는 여건을 조성한다
는 것을 의미하며 물류 인프라의 경쟁력 향상과 기업들이 화동지역에 재
투자를 할 수 있도록 유도하는 것이다. 또한 **Air China**와 남방항공이 푸
둥공항에 제2의 허브를 운영하고 있는 바와 같이 **Air China**의 경우 상하
이에서 출발한 항공기는 베이징 공항에 기착할 필요없이 바로 목적지로
날아갈 수 있게 되엇다. 남방항공도 광저우공항 기착없이 상하이공항에
서 미주·유럽 등 세계 주요 목적지 공항까지 바로 운송이 가능케 함으로
써 푸둥을 중심으로한 상하이 공항의 허브 운영 전략은 탄력을 받고 있다.

〈2010년 상하이 푸둥 공항 수출(Export) & 수입(Import) 물동량〉

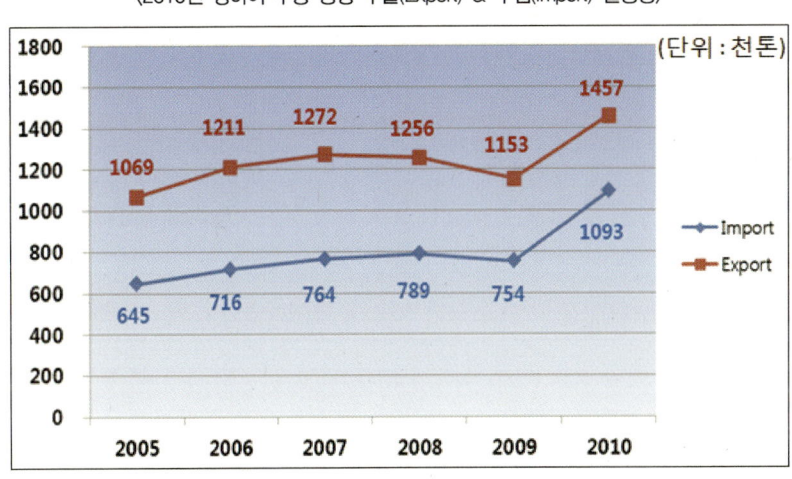

　　상하이 푸둥 공항 및 홍차오 공항의 경우 물동량이 매년 **9.3%**씩 성장
하여 2010년에는 371만 톤을 기록하였다. 또한 2010년 기준으로 상하이
푸둥과 홍차오를 이용한 비행기 이착륙 수는 551,111건으로 517,585건

을 기록한 베이징 쇼우두 공항을 넘어섰다.

또한 아시아의 허브 공항을 놓고, 인천, 베이징, 하네다, 홍콩, 싱가포르 공항 등과 경쟁 중인 상하이 푸둥 공항은 중앙 정부의 전폭적인 지원 하에 지속적으로 투자 규모를 확대하고 있으며, 이미 여객 기준으로 연간 8,000만 명을 수용할 수 있는 규모까지 성장했다. 이 외에 화동지역 주요 공항으로 항저우 샤오산 공항과 샤먼 까오치 공항이 있으며 2010년 화물 처리량이 각각 7위(283,000톤)와 9위(245,644톤)를 차지하고 있다.

화동지역은 장쑤성(江蘇省)을 중심으로 외국 자본 특히 대만 자본이 많이 들어와 있으며 이와 함께 물류업에도 China Air(CI), Eva Air(BR) 등 대만계 항공사들 비중이 다른 지역에 비해 높은 편이다. 장쑤성(江蘇省), 저장성 (浙江省) 내 상하이 지역은 대만의 물류 인프라를 활용할 수 있는 지리적 장점을 가지고 있어, 성수기 항공기 공급이 부족할 경우에는 대만을 경유한 Sea & Air 등을 활용할 수 있다.

화동 지역의 고민은 같은 화중 지역에 위치해 있으면서 지난 10년 전부터 추진되고 있는 서부대개발의 전진기지로 알려진 충칭, 청두 공항과 비교할 때보다 우월한 물류 경쟁력을 확보하는 것이다 이미 HP, Apple 등 다수의 글로벌 기업들이 충칭, 청두 지역으로 이전했거나 점차 내륙으로 생산라인을 아웃소싱할 계획을 갖고 있다고 한다. 즉 상하이 인근에서 나오던 항공 물동량들이 점차 내륙으로 이동해 갈 것이고 이제는 상하이 공항도 홍콩 공항처럼 수출입 물량의 출발지에서 환적 공항으로서의 전환과 경쟁력 확보에 고민을 기울여야 할 것이다. 또한 아시아 허브공항을 목표로 홍콩, 인천 공항등과 경쟁하기 위해선 푸둥 공항이 가야 할 길은 아직 멀다. 특히 인프라는 많은 개선이 필요하다 화동의 대표공항이지만 Off-The Airport라는 취약성은 작업된 화물을 항공기에 싣기 위해서 4KM(곡선거리 10KM)를 트럭과 Dolly로 운송해야 하고 이 과정에 계속되는 상차와 하차 작업은 **Forklift**에 의한 화물 손상과 안전사고를 일으킬 수 있는 구조적인 약점을 갖고 있다. 또한 화물량 대비 협소한 터미널 공간과 부족한 장비, 그리고 시스템 운영보다는 인력 중심의 운영형태는 오선적 등 각종 물류 사고의 원인을 제공할 수 있는 취약성을 늘 갖고 있다. 사실 많은 물류 전문가들은 상해인근과 내륙에서 나오는 엄청난 물량을 배후단지에 두고도 아직도 푸동 공항의 물동량이 홍콩공항을 따라가지 못하는 이유로 열악한 인프라와 운영능력 부족으로 꼽고 있다. 이는 아시아 허브 공항을 두고 경쟁관계에 있는 인천 공항에는 아직까지 기회를 제공하고 있기도 하다.

화남 지역 항공 인프라 및 지역적 특징

개방 전 홍콩은 중국이란 '세계의 공장'의 관문 역할을 충실히 수행해 오면서 광둥(广東) 지역과 오랫동안 협력하는 관계를 유지해 왔다. 자유로운 기업활동을 장려하는 홍콩 정부의 각종 정책 지원과 광둥성(广東省) 내 대규모 산업단지를 배후로 끼고 있는 잇점은 많은 글로벌 기업들의 본사를 홍콩으로 유치하는데 많은 기여를 하였다.

이러한 정책과 환경은 물류 부분에도 많은 영향을 주어 광둥 지역에서 나오는 항공 물량들은 수출입 기지로서의 홍콩 공항 물류 인프라 개발에 자극제가 됨과 동시에 홍콩 정부의 일관된 프리 포트(Free Port) 정책과 함께 각종 편의시설, 환승 경쟁력 및 양질의 IT 서비스를 포함한 최적의 물류환경 지원을 이끌어 내게 되었다. 즉 세계 최대 생산지인 광둥 지역을 배후로 한 지리·환경적 이점과 홍콩 민·관의 협력은 결국 2010년에 홍콩공항을 아시아 허브를 넘어 세계 제1의 허브 공항으로서의 위치에 올려놓게 되었다.

또한 완구류부터 반도체에 이르는 다양한 제품군은 물류업체로 하여금 혼적(Consolidation)을 용이하게 하여, 항공 화물업에 필수 요소인 적재 효율을 높여 줄 수 있게 되었다. 즉 이러한 최적화된 적재 효율은 동일한 스페이스에 더 많은 화물을 적재함으로써 항공사는 운영비용을 줄이게 되고 화주는 물류비용 절감 효과를 갖게 되었다.

또한 성수기와 비수기의 큰 편차 없이 꾸준히 공급되는 항공 물량은 약 100여 개 항공사들을 유치할 수 있도록 하였고 항공사와 글로벌 물류기업 간 신뢰를 기본으로 한 BSA(Block Space Agreement)시장을 일찍부터 자리 잡게 했다.

〈광동지역의 주요 공항〉

홍콩 항공시장의 특징을 말한다면, 대부분의 물류 기업들이 자체

CFS(Container Freight Station)을 운영하며, 항공기 탑제 장비(ULD)에 직접 작업하여 항공사 터미널에 인계한다. 이는 운송업체가 항공사를 대신하여 화주에 대한 화물을 항공사 탑제 이전까지 책임을 짐으로써 화물 안전에 대한 책임감을 갖는 동시에 다른 한편으로는 항공사의 터미널 운영비용을 줄여 주는 효과가 있다. 이에 대해 항공사는 터미널 운영비용 등 로컬 비용에 대한 부담을 떠안아 주는 물류 기업에 경쟁력 있는 항공운임으로 보답함으로써 항공사와 물류기업(포워더) 간의 적절한 힘의 균형과 합리적인 비즈니스 관계가 형성되었고, 이런 노력들의 결과로 홍콩 공항을 세계에서 가장 경쟁력 있는 공항으로 발전시켰던 것이다.

현재 홍콩 공항은 연간 화물 처리능력을 850만 톤으로 확장시키는 공사 중에 있다. 2010년에 홍콩 공항은 413만 톤을 운송함으로, 처음으로 미국의 멤피스 공항을 제치고 세계 최고의 허브 공항에 올랐다.

〈홍콩 공항 항공화물 처리 실적〉

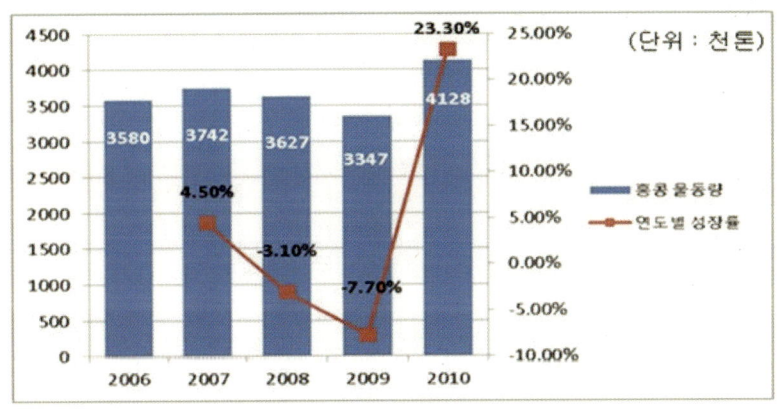

다만 단점으로 지적되는 연중 2,000mm 강수량과 연중 습한 기후환경은 화주, 항공사, 터미널 운영업체, 물류업체 등 다자간에 제조, 창고관

리, 트럭운송, 공항 내 조업, 항공기 선적까지 세심한 주의가 필요하다. 특히 여름·가을철 빈번하게 발생하는 태풍은 365일 24시간 비행기를 뜨고 내려야 하는 허브공항에는 커다란 장애요인이다. 또한 항공기 선적 전 화물조업, 보관 등에 많은 신경을 쓴다 하지만 일명 黑비(Black Rain)라고 불리는 엄청난 소나기 앞에서 Wet Damage 등 화물에 물리적인 손상을 입을 확률이 많다. 따라서 홍콩 공항이 지속적으로 세계 제1의 허브 공항 자리를 유지하기 위해서는 이러한 기후적인 약점을 극복할 운영상의 고민이 필요하다.

한편 화남의 대표공항으로 2010년 물동량 기준으로 4위(114만 톤)의 광저우 바이윈 공항과 5위(81만 톤)의 션전 바오안 공항이 있다. 특히 광저우 공항은 세계적 항공사인 Fedex의 아시아 허브 역할을 수행하고 있고, 중국 내 화물분야 1위 항공사인 남방항공의 본사가 있는 곳으로 장래에는 홍콩 공항을 위협할 수 있는 수준으로도 발전할 수 있는 가능성이 큰 공항이다.

〈2010년 중국 공항: 여객 실적〉

순위	공항	2010년	2009년	전년대비증가율
1	베이징/쇼우두공항	73,948,114	65,375,095	13.1
2	광저우/바이윈공항	40,975,673	37,048,712	10.6
3	상하이/푸둥공항	40,578,621	31,921,009	27.1
4	상하이/훙치아오공항	31,298,812	25,078,548	24.8
5	션전/바오안공항	26,713,610	24,486,406	9.1
6	청두/쐉리우공항	25,805,815	22,637,762	14.0
7	쿤밍/우자바공항	20,192,243	18,944,716	6.6
8	시안/시엔양공항	18,010,405	15,294,948	17.8
9	항저우/샤오산공항	17,068,585	14,944,716	14.2
10	충칭·장베이공항	15,802,334	14,038,045	12.6
	합계	310,394,212	269,769,957	15.1(%)

〈2010년 중국 공항: 화물 실적〉

순위	공항	2010년	2009년	작년대비증가율%
1	상하이/푸둥공항	3,228,080.8	2,543,393.6	26.9
2	베이징/쇼우두공항	1,551,471.6	1,475,656.8	5.1
3	광저우/바이윈공항	1,144,455.7	955,269.7	19.8
4	선전/바오안공항	809,125.4	605,469.2	33.6
5	상하이/홍치아오공항	480,438.1	439,071.9	9.4
6	청두/쐉리우공항	432,153.2	373,515.0	15.7
7	항저우/샤오산공항	283,426.9	226,307.9	25.2
8	쿤밍/우자바공항	273,651.2	258,755.3	5.8
9	샤먼/까오치공항	245,644.0	196,025.1	25.3
10	난징/루코우공항	234,359.0	200,099.0	17.1
	합계	8,682,805.9	7,273,563.5	19.4

유류할증료(FSC)

중국 항공산업의 또 하나의 특징은 과도하게 높게 책정된 유류할증료이다. 유류할증료는 유가가 급등할 경우 기존 계약된 운임만으로는 운항비용을 감당할 수 없는 상황이 발생했을 때 대응하기 위한 조치로서 1970년대에 해운 업계가 도입했고, 1997년 국제항공운송협회(IATA)가 이 개념을 도입하여 2001년부터 시행하고 있다.

그러나 유류할증료는 IATA에서 발표하는 운임이 아니므로 이 적용 여부와 가격 수준에 대해서는 각 항공사의 판단에 맡기도록 했다. 일반 직으로 유류할증료는 싱가포르의 석유선물 시장에서 매일 거래되는 항공유의 평균가격인 MOPS(Mean of Platt's Singapore)에 따라 변동한다.

MOPS란 미국의 석유전문지인 Platt's 사에서 발표하는 가격기준이 공신력을 인정받고 있어 전 세계 원유가격 산정지표로 활용되고 있다.

우리나라를 포함한 대부분의 국가에서는 항공사들이 자국 정부의 승인하에 **MOPS** 기준으로 유류할증료를 결정하고 공식적으로는 중국 항공사도 민항국의 지침을 따르고 있다고는 하지만, 과도하게 높게 형성되어 있는 중국의 유류할증료는 국제 기준과 상당한 거리가 있는 것이 사실이다. 2011년 6월 현재 홍콩과 한국발 항공사보다 약 **80%** 높은 수준의 유류할증료를 부과하고 있다. 공식적으로 확인하긴 어렵지만, 유류할증료 경우 세금 부분에 혜택이 있어 항공사들이 항공운임 인상보다는 유류할증료 인상에 더 많은 관심을 갖고 있는 것으로 보인다.

그러나 이러한 과도한 유류할증료는 화주와 물류업체(포워더)에게 물류비용을 전가시켜 결국 중국 항공산업의 경쟁력을 약화시키는 요인이기에, 중국 항공사들이 글로벌 선진 기업으로 성장하기 위해서는 반드시 개선해야 할 사항이다.

〈주요 항공사의 유류할증료 비교〉

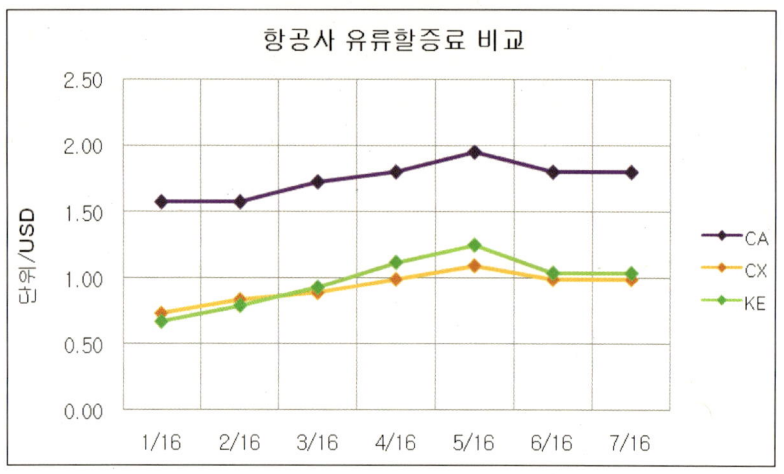

91세계 속의 중국 항공 시장

2010년 기준으로 전 세계 수출입 항공 물동량은 9,616만 톤으로 파악되고 있다. 이 중에서 중국 내 공항으로 수출입되는 물량은 1,129만 톤으로 전 세계 물동량의 11.7%를 차지하고 있고 홍콩 공항을 포함하면 전 세계 물동량의 16%를 차지하고 있다.

항공물량의 척도로 아시아 북미간 물량을 봤을때 중국과 북미간 항공교역 물동량 비중은 1989년 15%에서 2009년 40% 이상으로 비약적으로 증가한 것과는 대조적으로 제 2위의 경제대국 일본은 1989년 38.2%에서 2009년 17.2%로 급격하게 줄어들었다. 그만큼 중국 항공산업이 급속하게 성장했다는 것이다.

〈아시아 발 북미 항공 화물 점유량 - 2010년〉

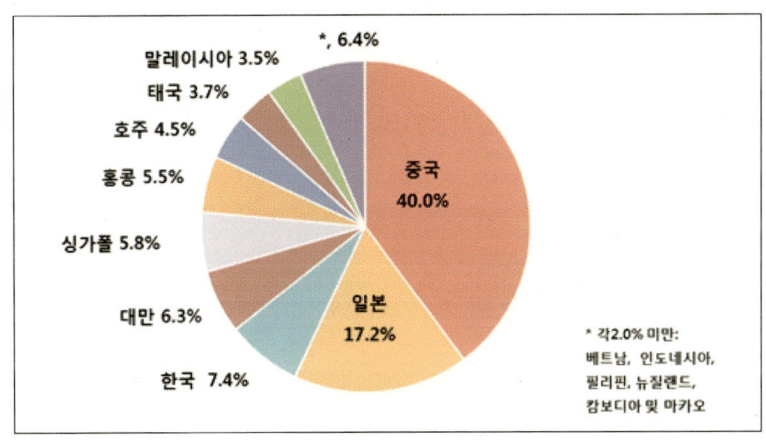

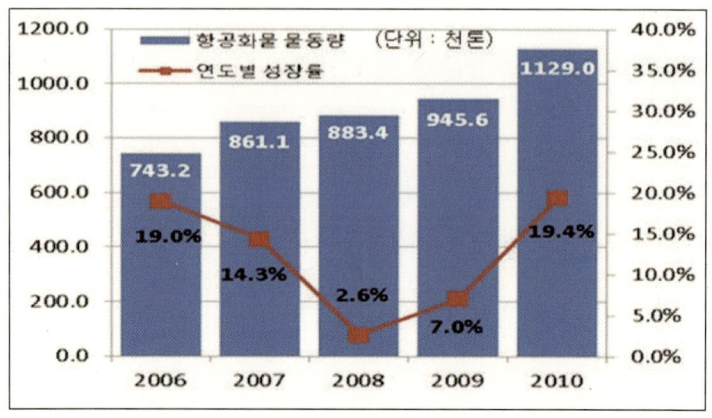

〈2010년 중국 내 수출입 항공 화물 물동량〉

2010년 세계 화물취급량으로 30대 공항 중에서 중국 내 공항은 5개가 포함되었다. 홍콩, 상하이, 베이징, 광저우, 선전 공항이 30대에 포함되었고, 그중 홍콩과 상하이 푸둥 공항은 10대 공항 중 각 1위와 3위를 차지하였다. 특히 홍콩은 사상 처음으로 18년간 1위를 지켜 왔던 미국 페덱스(FEDEX)의 멤피스 공항을 제치고 2010년 1위를 차지하였고, 상하이 공항은 2009년 대비 27%의 물동량이 증가하여 2008년 이후 계속 3위를 유지하고 있다.

공항	항공 물동량	변동%	2010 순위	2009 순위
홍콩(HKG)	4,168,394	23.2	1	2
멤피스(MEM)	3,916,937	5.9	2	1
상해 푸둥(PVG)	3,277,914	27.1	3	3
인천(ICN)	2,684,500	16.1	4	4
앵커리지(ANC)	2,578,396	33.1	5	5
파리(CDG)	2,399,067	16.8	6	10
프랑크푸르트(FRA)	2,275,106	20.5	7	8
두바이(DXB)	2,270,498	17.8	8	7
도쿄 나리타(NRT)	2,167,843	17.1	9	9
루이빌(SDF)	2,166,226	11.1	10	6

현재 화물의 증가속도를 볼 때 상하이 공항이 멤피스 공항을 따라잡을 날도 머지않아 보인다. 또한 베이징, 광저우 공항도 수년 내로 글로벌 공항 중 10위 안으로 들어올 것으로 예상되어 가까운 시일 내에 중국의 4개 공항이 세계 10대 공항에 포함될 것으로 보인다.

또한 베이징 공항을 허브(HUB)로 하는 중국국제항공(Air China)과 광저우 공항을 허브로 하는 남방항공, 상하이를 허브로 하는 동방항공이 머지않아 세계무대에 강력한 경쟁자로 떠오르게 될 것이다.

중국 국적 항공사 현황

일본 항공산업의 상징인 일본항공(JAL)이 2011년 1월 19일 최종 파산을 신청했다. 1951년 설립되어 일본 경제성장과 함께 빠른 속도로 발전하며 일본은 물론 아시아 최대의 항공사로 영화를 누렸으나, 2008년 말 글로벌 금융위기로 인한 항공산업의 누적 적자로 일본 정부로부터 4번이나 구제금융을 받았음에도 불구하고 2조 원이란 적자 경영 앞에 무너졌다.

이러한 일본항공의 몰락을 지켜본, 세계 주요 항공사들은 시장의 공급과잉을 우려한 나머지 오래된 화물기들을 팔고, 신규 주문을 연기 또는 줄이는 등 공급을 조절하게 되었다.

그러나 이와는 반대로 자국 정부의 지원과 이 기회를 통해 시장 내 비중을 높이려 하는 중국 국적의 항공사들은 오히려 신규 항공기들을 도입하며 규모를 확장하고 있다.

중국국제항공(Air China)을 선두로 한 중국 국적의 항공사들은 매년 13% 이상 화물기 투입을 늘려, 2011년 현재 104대의 화물기를 운영하고 있으며 보도 자료에 의하면 국제항공, 남방항공 등 중국 국적 항공사들이 2015년까지 98대의 추가 화물기 도입을 검토하고 있는 것으로 알려지고 있다.

그러나 이런 노력에도 불구하고, 현재 중국 모든 국적 항공사들을 더해도 중국 내 수출입 물량 중 차지하는 비중이 30%를 넘지 못한다고 한다. 즉 나머지 70%(연간 790만 톤)는 외국계 항공사들이 수송하고 있는 것이다. 중국 입장에서는 자국 시장에서 외국 항공사들이 이렇게 많은 자국 수출입 화물들을 운송하고 있는 것이 마냥 좋을 리 없다. 금년 12차 5개년 규획은 중국 국적 항공사의 마켓 비중을 50% 선까지 늘릴 수 있도록 하는, 중국 정부의 지원 정책들을 포함하고 있어 향후에 중국 항공 시장 주도권을 두고 중국 국적 항공사와 외국 항공사와의 경쟁은 더욱 치열해질 것으로 예상된다.

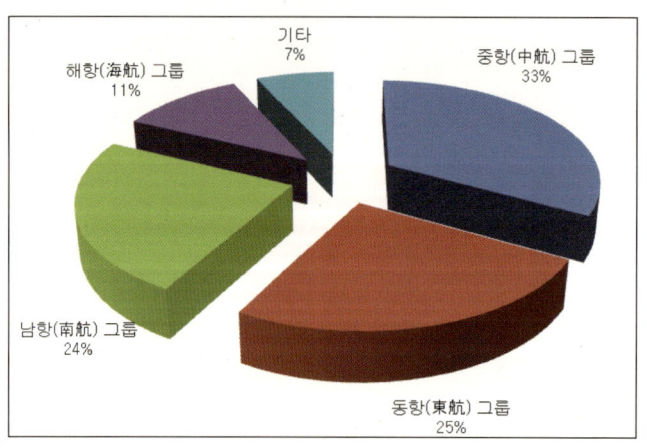

〈중국 국적 항공사별 마켓 비중〉

〈중국 항공사별 화물기 보유 현황〉

항공사		화물기 종류	2009	2010	전년비	2011	전년비	참조
CA	AIR CHINA CARGO	B74F	7	9	2	10	1	CX로부터 B747F 2대 도입 TU-204 3대 2012년 도입 계획
CK	CHINA CARGO AIRLINE	MD11F	6	1	−5	0	−1	2011년 5월 31일부 합병 China Cargo Airline (ckcode 사용) 2011년 B777F 2대 도입 계획 CK+F4+IJ〉〉New CK
		B74F	2	2	0	4	2	
		ABF	3	3	0	3	0	
		B77F	0	4	4	4	0	
F4	SHANGHAI AIR CARGO	MD11F	4	4	0	3	−1	
		B757-200SF	2	2	0	2	0	
IJ	GREAT WALL	B74F	3	3	0	3	0	
CZ	CHINA SOUTHERN AIRLINE	B74F	2	2	0	2	0	2011년 B777F 1대 도입 계획, 2013~15년 777F 6대 추가 도입 계획
		B77F	2	5	3	5	0	
		ABF	1	1	0	1	0	
CX	CATHAY PAC IFIC	B74ERF	5	6	1	6	0	2011년 6개 신규 B747-8F
		B74F	5	6	1	6	0	
		B744BCF	9	12	3	10	0	
Y8	YANGTZE RIVER EXPRESS	B74F	3	3	0	5	1	2012~2013 5대의 A330-200F 도입
		B737F	6	6	0	10	0	
8Y	CHINA POSTAL AIR	B737F	13	14	1	16	3	
UW	UNI-TOP AIRLINES	B74F	1	1	0	3	0	
GD	GRAND STAR	B74F	1	1	0	1	0	B747-400F 2011 7월 도입 계획
O3	SHUN FENG	B737F/B757F				4		
JI	JADE CARGO	B74F	6	6	0	6	0	
총합	총 11개 항공사	B74F	44	51	7	56	2	
		B77F	2	9	7	9	0	
		MD11F	10	5	−5	3	−2	
		B757F	2	2	0	2	0	
		B737F	19	20	1	30	3	
		ABF	4	4	0	4	0	
		TOTAL	81	91	10	104	13	향후 98 Freighter 추가 도입 예정

참조: 항공사 website 참조, 시장 상황에 따라 항공기 도입 여부와 보유량은 변경될 수 있음.

2010년 중국은 일본을 제치고 세계 제2의 경제 대국이 되었으며, 이는 물류에서도 중요한 의미를 갖는다. 위안화 강세와 경제성장으로 지갑이 두꺼워진 중국 사람들의 소비 심리는 내수 경기를 진작시키고 결과적으로는 중국도 미국처럼 수입시장으로 변모해 갈 것이기 때문이다. 이제는 수출 성장만으로는 한계를 느낀 중국 정부도 기존의 수출 주도형에서 내수 시장을 확대하여 수출과 내수의 균형 있는 발전을 위해 적극 나서고 있는 상황이다.

2010년 대비하여 2011년 6월 수입은 19.3% 증가하였으며, 이 숫자는 2011년 1월 대비 3%가 감소한 수치이지만, 중국의 수입시장이 지속적으로 성장하고 있다는 것은 분명한 사실이다. 중국에서 수입하는 비중이 전 세계 수입 비중 가운데 2008년 8%(1조 60억 달러)에서 2010년에는 10%를 넘어섰다고 한다.

중국이 내수 소비시장으로 전환됨에 따라 항공사들의 수출 물량 감소에 대한 우려 섞인 시선도 있지만, 또 다른 한편으로는 수입물량이 증가되어 결국 항공사들이 바라는 수출과 수입의 균형이 맞춰질 것이라는 기대감도 있다.

글로벌 기업들의 생산 설비의 이동이 본격적으로 내륙으로 이루어지는 있는 가운데 충칭, 청두 등을 통해 내륙으로 들어가는 자재와 완성품에 대한 수요는 계속 증가할 것으로 보인다. 중국 정부의 대서부 개발정책과 맞물려 서부 내륙에서 생산되어 나오는 수많은 물동량에 대한 효율적인 운영방법을 찾는 물류기업들엔 좋은 기회가 될 것이다.

또한 내륙으로 들어가는 내수와 수입시장을 선점하기 위해 항공운송의 위협요인으로 대두되는 고속철도 및 트럭 등과의 경쟁에서 뒤처지지 않도록 고부가가치 제품에 대한 리드타임, 안정성 등 물류경쟁력 재고에도 많은 노력을 기울여야 할 것이다.

〈2011년 중국 수입 성장률〉

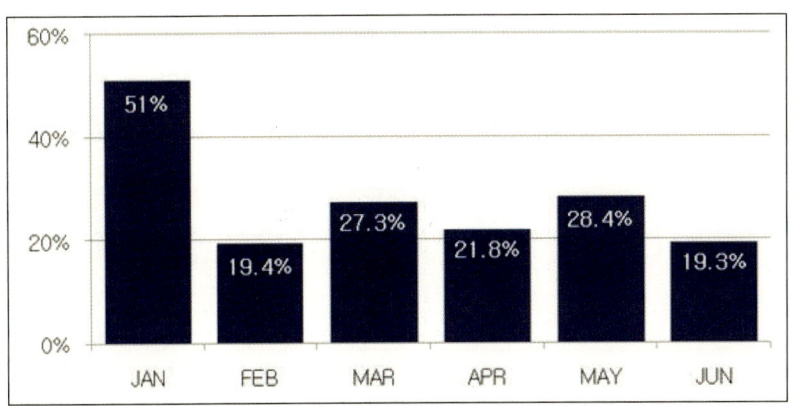

중국 항공산업의 도전과 미래

이처럼 중국 항공산업이 비약적인 발전을 하고 있음에도 불구하고, 아래와 같은 원인으로 인해 현재의 중국 항공산업이 밝은 면만 있는 것은 아니다.

첫째, 중국의 대다수 공항들이 적자 경영으로 인해 고전을 면치 못하고 있다. 2011년 현재 중국 내 175개 공항들 중 130여 개의 공항이 적자 운영을 하고 있으며 전체 손실액이 약 3천억 원(16억 8천만 RMB)에 달한다고 한다.

둘째, 고속철도와의 치열한 경쟁으로 항공사 수익이 악화되고 있다. 현재 베이징, 상하이 간 항공권을 중국돈 500 RMB(한국 돈 80,000원)이면 살 수 있다. 이런 저가 전략은 고속철도와의 치열한 경쟁에서 살아남기 위한 자구지책이지만 결국 이런 출혈은 가뜩이나 높은 항공사들의 부채 수준을 더욱더 악화하게 할 것이다. 중국 철도부는 오는 2020년까지 모든 성(省)과 주요 도시들을 고속철도로 연결할 계획을 갖고 있다고 하니, 이제는 항공과 고속철도의 본격적인 경쟁은 피할 수 없게 된 것이다.

셋째, 항공사들의 높은 부채 수준이다. 2010년 운영자본으로 약 13억 달러의 정부 보조금을 지원받은 중국 동방항공의 부채비율은 현재 약 97%라고 한다. 국제항공, 남방항공 사정도 별반 다르지 않다. 중국 민항국(CAAC)에 의하면 2009년 6월 30일 기준으로 중국 항공사들의 부채비율은 평균 89%로, 12개 업체는 약 90%, 5개 업체는 100%를 넘고 있다고 한다.

넷째, 낙후된 경영시스템을 개선하는 작업이 시급하다. 높은 부채수준에도 항공사들은 경영 선진화와 서비스 개선 등에 대해서는 별다른 대책을 세우지 못하고 있다. 이는 비록 중국 항공사들이 증시에 상장되어 있지만, 대부분 정부 소유의 기업이기 때문에 각 항공사의 독립적·상업적 의사결정이 어렵고, 자율적 경영도 실제로는 많은 제약을 받고 있기 때문이다.

그러나 중국 정부도 이러한 현실에 많은 부담을 갖고 있고 항공산업 발전을 위해 부단한 노력을 하고 있는 것은 사실이다. 12차 5개년 규획에 의하면 정부는 향후 5년 동안 1조 5천억 RMB(한화 약 255조 원) 이상을 투자할 계획이다. 현재 중국 내에서 항공인프라에 대한 투자가 겨우 4%임을 감안할 때, 다른 운송 방법보다 투자 여력은 훨씬 더 많아 보인다.

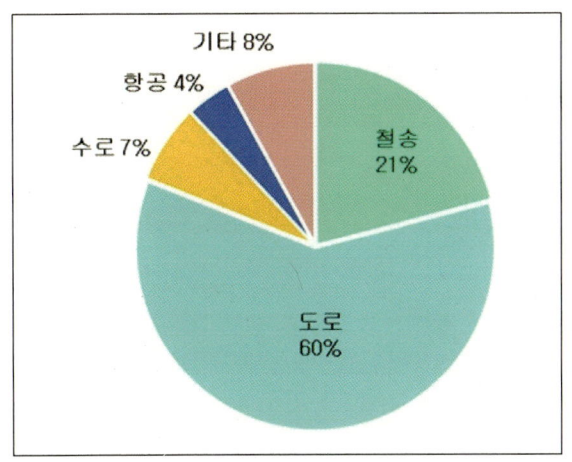
〈주요 운송수단별 투자 비중〉

기타 8%
항공 4%
수로 7%
철송 21%
도로 60%

구체적으로 항공 산업에 대한 중국 정부의 계획은 다음과 같다.

첫째로 중국 항공사들에 대한 구조조정을 통한 국제 경쟁력 확보이다. 중국 국제항공, 남방항공, 동방항공 등 3대 항공사뿐만 아니라 수십 개의 군소 항공사의 구조조정을 가속화하여 글로벌 항공사와 맞설 수 있도록 한다는 것이다. 서비스 개선이나 대형화에 성공한 항공사들에게는 여러 혜택을 제공하고, 따라오지 못하는 항공사에 대해서는 통폐합 등 강경한 조치를 통해 빠른 시간내에 항공산업을 국제 수준으로 끌어 올리겠다는 것이다. 따라서 중국 항공업체들의 인수합병이 더욱 활발해질 것으로 예상된다

둘째로, 12차 5개년 규획 기간 동안 항공산업 인프라 건설을 대폭 지원할 계획이다. 즉 공항 등 건설에 소요되는 비용을 금리 우대정책을 통해 재정을 마련하여 일반 기업들의 사업 참여를 유도함과 동시에 정부정책에 적극 동참하는 회사에 세제 혜택 등 각종 지원정책을 늘릴 계획이다.

세 번째 그린(Green) 에너지 정책으로 절약 캠페인에 적극 호응하는

항공사들에는 각종 세금 혜택과 관련 비용들을 감면해줌으로써, 시대적 대세인 그린 물류에서 국제 경쟁력을 확보한다는 것이다.

마지막으로 항공기 제조업 육성과 필요한 첨단 과학기술 인력자원의 육성이다. 실례로 토종기업인 중국 상용항공사(Comac) 등에서 생산되는 중국산 비행기를 사용하는 항공사에는 보조금 지급과 세금우대 정책을 실시하여 항공기 제조업과 운수업 수준을 동시에 끌어올리겠다는 것이다.

이와 같은 중국 정부의 항공산업 지원정책과 더불어 중국 국적 항공사들도 글로벌 경쟁력을 갖출 수 있도록 부단하게 움직이고 있다. 화물 운송 연맹 등에 가입함으로써 국제 기준을 준수함과 동시에 항공 화물사 간의 협력 작업 또한 서두르고 있다.

이미 중국국제항공과 홍콩항공은 합작을 통해 중국 내에 별도의 항공화물 전문 운송사를 설립하였으며, IT개발투자 확대로 환적지나 목적지에서 소요되는 불필요한 시간 및 비용을 줄이는 등 물류경쟁력을 확보하고 있다.

이처럼 항공산업에 대한 중국 정부의 지원투자와 민간부문에서의 노력, 그리고 중국이 갖고 있는 경제력을 볼 때 중국 항공산업은 곧 세계의 선두그룹으로 올라올 것이다.

이러한 중국의 성장은 경제의 70%가 국제무역을 통해 이루어지는 우리나라 현실을 볼 때 두 손 놓고 가만히 두고 볼 일은 아니다. 이미 대한항공이 지난 6년 동안 항공화물 분야에서 지켜오던 1위 자리를 2010년에는 홍콩항공에 내주었고, 국제 화물기 구매 현황에서도 알 수 있듯이 홍콩항공뿐만 아니라 국제항공, 남방항공, 동방항공 등 중국 국적 항공사들의 몸집 불리기 기세가 무섭다.

항공화물로 운송되는 화물은 대부분이 고부가가치 화물들로, 한 국가의 항공산업이 발달되었다는 것은 그 나라의 제조업의 위상과 소비시장으로서 강력한 구매력을 갖고 있다는 것을 의미하며, 필요할 경우 국가의 손과 발이 되어 줄 수 있는 기간산업이기도 하다.

따라서 최소 연 8% 이상 경제성장을 이루어야 하는 중국 정부 차원에서도 고용 효과가 크고 연관 산업비중이 큰 항공 화물 산업은 절대 포기할 수 없는 산업으로, 중국 정부는 항공산업을 미래 핵심 사업으로 지속시켜 나갈 것이다.

우리가 인식하지 못하고 있던 사이에 중국이 변하고 있다. 기업 환경이 어렵다고 하지만 중국의 관료주의도 변하고 있다는 것은 WTO가입 이후 중국 정부가 새로 정비한 법률만도 수십만 건임에서 간단하게 알 수 있다. 중국은 이제 G2를 넘어서 팍스 차이나(Pax China)로 가고 있다. 즉 세계 경제가 글로벌 경제의 축이 옮겨가고 중국에 기대서 갈 수 밖에 없는 시대로 가고 있다. 한국 항공 산업도 갈수록 거센 도전에 직면하게 될 것이다. 미국·유럽계 항공사들이 갈수록 동력을 잃어가는 작금의 상황에서 어쩌면 대한항공이 향후 중국계 항공사와의 경쟁에서 마켓의 선두 자리를 유지할 수 있느냐가 한국과 중국의 항공산업의 바로미터가 될 수도 있을 것으로 보인다.

〈제11차 5개년 규획 시행결과〉

분류	지표	2005년	계획목표	2010년	연간성장
업계규모 발전	항공운송 총량(억만 톤)	261	500	538	15.6%
	여객 유통량(억 명)	1.38	2.7	2.68	14.1%
	화물 물량(만 톤)	307	570	563	12.9%
	항공 업무시간(만 시간)	8.5	14	14	10.5%
업무수준 발전	전체 교통량중 여객유동비중(%)	11.8	17.8	14.5	–
	항편규모(대)	863	1550	1597	13.1%
	백만시간당 사고확률	0.19	<0.29	0.05	–
	항편 만대당 사고 발생률	<0.15	<0.1	0.003	–
	항편 장상운항률(%)	82.1	85	81.5	–
	Rotation 률(%)	65	>70	71.6	–
	항공기이용률(시간/일)	9.4	>9.5	9.4	–
	톤/킬로미터당 항공연료소모(kg)	0.336	0.302	0.298	–
인프라 지원능력	전국 민간공항 수(개)	142	190	175	–
	운용 항차(만)	298	>460	605	15.2%
	항공연료 공급(만 톤)	921	1750	1600	11.7%
	파일럿 증가(인)	–	9100	13381	–
	민항학교 재학생 수(만 인)	2.7	4.9	5.0	13.1%

〈제12차 5개년 규획 시행목표〉

분류	지표	2010년	2015년	연간성장
업계규모 발전	항공운송 총량(억만 톤)	538	990	13%
	여객 유통량(억 명)	2.68	4.5	11%
	화물 물동량 (만 톤)	563	900	10%
	항공 업무시간(만 시간)	14	30	16%
업무수준 발전	전체 교통량중 여객유동비중(%)	14.5	16	–
	백만시간당 시고확률	0.05	<0.20	–
	항편 정상운항률(%)	81.5	>80	–
	Rotation 률(%)	71.6	>70	–
	항공기이용률(시간/일)	9.4	>9.5	–
	톤/킬로미터당 항공연료 소모(kg)	0.306	0.294	–
인프라 지원능력	운용 항차(만)	605	1040	11%
	전국 민간공항 수(개)	175	>230	–
	전체 운용항편 규모(대)	1597	2750	12%
	민간 운용항편 규모(대)	1010	>2000	–
	항공연료 공급(만톤)	1600	2850	12%
	파일럿 증가(만)	2.5	4	11%
	민항학교 재학생 수(만 인)	5.0	6.3	5%

제4장
해운(海運)

중국 해운 산업의 역사

2010년 물동량 기준으로 발표된 자료에 의하면 중국의 9개 항구가 세계 20대 항구에 포함되었으며, 이는 중국 정부의 항만제도 및 정책이 성공했다는 것을 보여 주는 사례라 할 수 있다.

역사를 기준으로 보면 중국과 세계의 해운 발전을 별도로 생각할 수 없는 운명인 듯하다. 명나라 3대 황제인 태종이 환관 정화를 통해 총 길이 137미터, 폭 56미터의 보선(寶船)을 중심으로 300척의 선단과 2만 7천 명의 병력으로 인도양, 아프리카, 아메리카, 남극까지 항해를 하였다고 하니 그 함대의 규모나 경제적 효과는 유럽의 바스쿠 다가마, 마젤란, 콜럼버스와는 비교할 수 없을 정도이나 세계사적으로는 그리 알려져 있지 않았었다. 그러나 이는 명 태종의 친해운 정책이 그의 사후에 아들인 인종의 해금(海禁) 정책에 따라서 폐쇄적이고 수세적으로 전환되면서부터 청나라 대에 이르러 바다를 유럽 열강들에게 빼앗긴 결과로 나타났다. 이후 근대 중국 해운은 유럽 열강의 제국주의에 의해 변화되기 시작하였다. 오랜 세월 동안 중국과의 관계를 지속하던 유럽의 제국들이 자국의 이익을 위해 광저우나 홍콩 등지의 남중국 내 제항만을 아편 무역의 근거지로 활동하면서 본격적인 항만의 발전이 시작되었다. 이후 수차례에 걸쳐 중국과의 전쟁 결과로 홍콩, 마카오 등을 조차한 유럽열강이 물자 교역 창구 개발 차원에서 항만을 지속적으로 확대하게 되었다. 이리하여 천진, 청도, 대련, 홍콩, 광저우 등을 중심으로 중국 근대 해운 산업이 발전하기에 이른 것이다. 그 후 중일 전쟁과 2차 대전을 겪으면서, 제국주의가 퇴보하고 중국 공산당에 의한 쇄국주의 정책에 의거하여 중국 근대 해운은 역사 속으로 사라지게 된 것이다.

현재와 같은 모습의 해운 산업이 발전한 계기는 1978년 덩샤오핑이 개혁 개방을 표방한 이후 중국 무역이 현저하게 증가하기 시작한 시기로 볼 수 있다. 이때부터 중국 정부는 중국 내 자본의 활용으로는 한계가 있음을 인식하고 1980년대 이후부터 외국자본 도입을 적극적으로 추진하게 되어 소수이지만 외국 해운 기업이 합작형태로 중국에 물류기업 설립이 가능하게 되었다.

1992년 9월 교통부 주관으로 개방 확대에 대한 '20조' 조치와 1995년에 외국 선박회사가 중국에 설립한 회사에 대한 관리 방법 공표 이후 세계 유수의 다국적 물류회사들이 화물 운송, 창고, 컨테이너 운송 사업 등에 진출할 수 있게 되었다. 그러나 이때까지도 외자 기업에 대한 규제가 많아 영업활동에 많은 제약이 따랐다. 선사의 직접 집하 및 선하증권 발급, 예약 등이 허용되지 않았고, 육상운송도 허락되지 않는 등 현지에 지점이 설립되어 있어도 연락사무소 이상의 기능을 수행하기 어렵도록 규제가 심하였다.

그러나 WTO 가입을 강력히 염원해 온 중국은 1998년부터 더욱더 강력한 개방정책을 표방하였고, 정부 주관으로 현대 물류 산업을 발전시키고자 하는 정부 정책을 단계적으로 발표하면서 변화가 시작된다.

2001년 중국이 WTO ≪서비스 무역 총협정≫에 가입한 후 중국 정부가 창고, 컨테이너 운송, 선박 대리 등 분야의 시장을 개방하기 시작하며 2002년 7월부터 외국 투자자들이 중외합자·합작 형식 등으로 일부 지역에서 외자 물류 기업을 설립할 수 있게 되었고, 2004년 8월에는 국가발전개혁위원회, 교통부, 철도부 등 9개 기관이 공동으로 물류시장접근, 시장개방, 세금제도, 간편 통관, 기준 시스템, 인프라시설 계획 및 건설 등 다방면에 지원정책을 발표함에 따라 외국 다국적 해운 물류기업들이 중국시장을 향해 몰려들기 시작했다.

본격적인 외국 해운 기업 진출에 따라 중국 해운 물류 기업들도 빠른 속도로 성장하기 시작한다. 2006년 12월, 해운 물류산업이 전면적으로 개방되면서 관련 기업들의 크기도 크게 성장하게 되었다.

중국의 대표적인 해운기업인 중국원양그룹(COSCO)이 1993년 싱가포르에 진출을 시작한 이후 2008년 'FT Global 500'에 연속으로 등재되었고 중국 해운그룹(China Shipping) 및 중국외운(Sinotrans)도 당당히 두각을 나타낸다.

2009년 3월 중국 정부는 체계적인 물류 산업 정책을 담아 물류 산업 조정 및 진흥 계획을 발표했으며, 이어서 2011년 12차 5개년 규획을 발표하여 중국 내의 인프라 확대, 선사·조선 산업 지원 등을 약속하였다. 특히 서부대개발을 위한 내하 수로 지원책은 특히 눈여겨봐야 할 부분이다.

주요 항구 인프라 및 특성

중국은 2006년 9월 중국 교통부에서 확정한 '전국 연해 항만 배치계획'에 의해 150여 개의 연해 항만들을 5개 그룹으로 분류하여 항만 규모의 대형화와 현대화를 모색하기 시작했다.

2010년 중국항만의 총 물동량은 89.3억 톤으로 동년대비 16.7%가 증가하였으며 컨테이너 화물 처리량은 1.46억TEU로 동년대비 19.4%가 증가하였으며, 이러한 물동량의 빠른 증가 속에서 중국 정부는 항만 물류 체계의 합리화를 위해 5개의 항만군과 8대 주종화물들로 분류하였다.

즉 발해만, 장강삼각주, 동남연해지역, 주강삼각주와 서남연해지역 5개 지역의 항만군과, 석탄, 석유, 철광석, 컨테이너, 식량, 자동차, 육지와 도서 지방의 로로(Ro-Ro) 및 여객 수송체계 중심으로 하는 8대 주종화물들로 분류하여 운영하는 항만 수송 시스템을 마련하였다.

장강삼각주는 상하이항, 닝보-저우산항, 렌윈강항으로 이루어져 있고 장강삼각주부터 장강 연해지역의 화물들을 처리한다. 주강삼각주는 광저우항, 선전항, 주하이항, 샨토우항으로 화남지역, 서남지역의 화물을 처리한다. 발해만은 랴오닝성, 진지산동연해지역으로 다롄항, 잉코우항, 친황다오항, 톈진항, 옌타이항, 르자오항으로 이루어져 있다.

<중국 8대 항만 위치도>

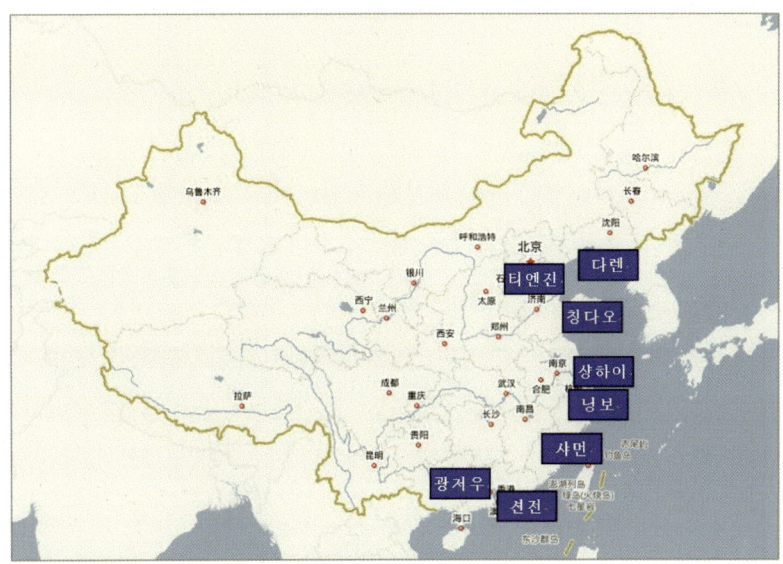

중국의 8대 항만은 2010년 물동량 처리 실적 기준으로 상하이, 션전, 닝보, 칭다오, 광저우, 티엔진, 샤먼, 다롄 순이다.

항만	2009(만 Teu)	증감(%)	2010(만 Teu)	증감(%)
상하이	2,500.2	−10.7	2,906.9	16.26
션전	1,825.01	−14.78	2,250.97	23.34
광저우	1,119	4.9	1,255	12.3
닝보	1,050.28	−3.9	1,314.4	25.14
칭다오	1,026	2.4	1,201.2	17.04
텐진	870	2.4	1,008	15.84
샤먼	468.04	−7.04	502	24.34
다롄	455.2	1.1	524.2	14.54

상하이항은 세계 최대 규모의 항만으로 최상의 수심 조건을 갖추고 있다. 또한 동중국해와 장강(長江)의 교차지점에 위치하여 장강 삼각주 경제구의 핵심항만이며 중국 제일의 항만이다.

상하이항은 크게 8대 터미널로 구성되어 있고, 이 중 컨테이너 터미널은 상하이 컨테이너터미널(Shanghai Container Terminal: SCT), 와이가오챠오 터미널(Waigaoqio Terminal: WGO), 양산터미널(Yangshan Terminal) 등 3개 터미널로 구성되어 있으며 상하이 컨테이너 터미널은 1980년대, 와이가오 챠오터미널은 1990년대, 양산터미널은 2000년대에 건설되어 계속 확장 중에 있다.

상하이 컨테이너 터미널은 상하이를 가로지르는 황포강 입구에, 와이가오챠오 터미널은 장강에 그리고 양산터미널은 동중국해(항저우만 입구)에 위치하고 있으며 이 중에서 양산터미널은 초대형선의 정박을 위해 필요한 장강의 낮은 수심 문제를 해결하기 위해서 건설되었다.

현재 상하이 컨테이너터미널은 연근해 항로, 와이가오챠오 터미널은 미주와 아시아 항로를, 양산터미널은 유럽 및 중남미항로 물량을 선적하고 있으며 향후에는 와이가오챠오 터미널은 아시아항로, 양산터미널은 유럽 · 미주 및 환적 물량을 처리하게 될 것이다.

이 중 양산항은 아시아 허브항만을 목표로 개발하고 있으며, 2020년까지 50여 개 선석개발예정이며 인구 2~30만 규모의 배후 도시도 건설될 계획이다.

구분		Waigaoqiao Ternimal				Yangshan Terminal		
		SPICT	SIPGZCT	SECT	SMCT	SSICT	SGICT		
업무 개시일		1994.05	2002.01	2003.02	2004.12	2005.12	2006.12	2007.12	2008.12
설비 규모	총면적(m²)	55만	167만	163만	163만	133.5만	118만	123.5만	114.2만
	Dock	3	5	4	4	5	4	4	3
	수심	-12.0M	-13.2M	-14.8M	-12.8M	-16.0M		-17.5M	-17.5M
	Quay Length	900M	1,565M	1,250M	1,100M	1,600M	1,400M	1,400M	1,250M
	Loading Capa(TEU)	25,700	69,000	87,472	60,000	93,784	78,784	78,784	92,980
	컨테이너 처리량(년/TUE)	240만	400만	320만	320만	400만	320만	320만	220만
	YARD Block	54	109	81	81	114	70	70	71
YARD	RECEPTABLE	700개	1,260개	882개	882개	1,260개	950개	900개	850개
	CFS AREA(m²)	5,100	6,600	5,500	12,000	12,000	12,00	12,00	NIL
	Gate (Lane)	IN 6	IN 8	IN 10	IN 10	IN 12	IN 8	IN 8	IN 12
		OUT 3	OUT 10	OUT 9	OUT 7	OU T7	OUT 6	OUT 6	OUT 8
외자 지분 현황		HIT 30%	NIL	MSK 49%	HIT50%	NIL	HPH/MSK각32%	PSA 30% CMA 8%	CSCL 10% Cosco 10%
노선		미주 및 아시아				유럽, 지중해, 남미, 아프리카 및 일부 미주			

- 바오샨뤄징(寶山羅經) 항만: 대량 Bulk 화물 운수 중심
- 황푸(黃浦)강 상류항만: 도시와 결합된 종합물류 서비스기능, 주변 공업지역의 공업원자재수송
- 황푸(黃浦)강 중류항만: 도심항만으로 국제여객, 국제택배화물 모선 유치, 대중 수상교통 등 여객과 택배화물 처리
- 황푸(黃浦)강 하류항만: 황푸 상류항만과 동일한 기능
- 충밍(崇明) 항만: 육지-도서교통 및 임해 선박공업 발전을 위한 서비스
- 항저우완(杭州灣) 항만: 액체 및 화공화물 취급, 임해공업 발전
- 와이가오챠오(外高橋)항: 컨테이너수송 위주의 대형 종합성 항만
- 양산(洋山)항: 상하이국제항운중심(上海國際航運中心)의 컨테이너 항만

추가로 상하이항은 장강 중상류지역 등 내륙에서 나오는 컨테이너 화물의 대다수를 처리하고 있으며, 환적비중도 더욱 커지고 있다. 운송수단으로는 상하이, 장쑤성(江苏省), 저장성(浙江省) 물량 대부분은 트럭을 이용하고 있으며, 장강 중·상류 물량은 대부분 바지선을 이용하여 상하이항에서 환적 및 수출·수입 물동량을 취급하고 있다.

한편 상하이 양산(洋山)항에 맞서 동남부 허브항을 꿈꾸고 있는 닝보항은 양쯔강 황금수로와 중국의 남북을 잇는 항로가 마주치는 T자형 구조로 지리적 이점을 갖고 있다. 닝보항은 수심이 깊어 30만 톤급 초대형 화물선이 자유롭게 항구를 드나들 수 있는 장점이 있고, 도크(Dock)는 총 191개로 25만 톤급까지 정박할 수 있는 초대형 도크도 25개에 이른다.

2010년 닝보-저우산항(2006년 통합)은 총 3.23억 톤의 화물을 처리하였으며 이는 동년대비 19.76%가 증가한 수치이다. 컨테이너 처리량은 총 1,339만 TEU로 중국 내 항구 중 연속 6년 동안 4위에서 2010년 처음으로 한 단계 성장하여 3위를 기록하였으며, 전 세계 항만 중 6위를 기록하고 있다.

최근 개통된 세계 최장 해상대교인 항주만 대교는 중국의 경제무역 중심지인 상하이와 닝보를 잇는 대교로써, 기존 소요되었던 시간보다 절반이 안 되는 2시간밖에 걸리지 않는다.

항주만 대교의 건설로 상하이-항주-닝보 황금 삼각지대가 이루어짐에 따라, 닝보시는 닝보항을 세계 일류 항구로 격상시키기 위한 계획을 세우는 한편, 인근 상하이항과의 공존 경쟁 전략을 통해 아시아의 동남부 허브 항구로 성장시키는 계획을 추진 중이다.

선전항(深圳港)

선전항은 세커우(Shekou), 치완(Chiwan), 옌티엔(Yantian), 다찬베이(Dachan Bay) 등 4개 터미널로 구성되어 있다. 선전항은 1980년대 말 세커우 터미널 개발을 시작으로 90년대 초 치완터미널, 90년대 중반 옌티엔 터미널을 건설하고 2000년대엔 다찬베이 터미널 건설을 시작했다.

선전항은 하역비, 운송료 등이 홍콩항에 비해 50% 저렴하여 홍콩으로 유입되는 물량을 흡수해 가고 있다. 또한 선전항은 중국의 3대 생산권역 중 하나인 주강 삼각주의 수출입물량과 환적 물량을 처리하고 있다.

수출입 물량의 경우 치완과 세커우, 다창베이 터미널은 차량 및 바지선을 이용하며, 옌티엔 터미널은 선전시 동쪽에 위치하고 있으므로 대부분 차량을 이용해서 처리하고 있다. 2010년의 선전항 물동량은 2250.96만 TEU로, 동년대비 23.34% 증가하여 연속 8년째 컨테이너 물동량 기준으로 세계 4위 항만의 자리를 고수하고 있다.

또한 2010년까지 약 6조 5천억 원(400억 RMB)을 투자하며 72개 선석을 신설하여 항만의 처리능력은 1억 4,880만 톤 및 컨테이너 1,220만 TEU로 증가되었다.

한편 선전항 중 다찬베이 터미널은 최근 2단계 공사를 마쳤으며, 선전 서부 및 동관 내륙지역의 물동량 증가에 따라 가장 기대가 많은 터미널이다. 이미 포화상태인 인근 홍콩, 옌티엔 터미널을 대신하여 향후에 중국 내륙과 연계된 물류거점으로 부상할 가능성이 있고, 향후 4단계로 확장공사가 계획 중이다.

〈선전항 주요 터미널 위치〉

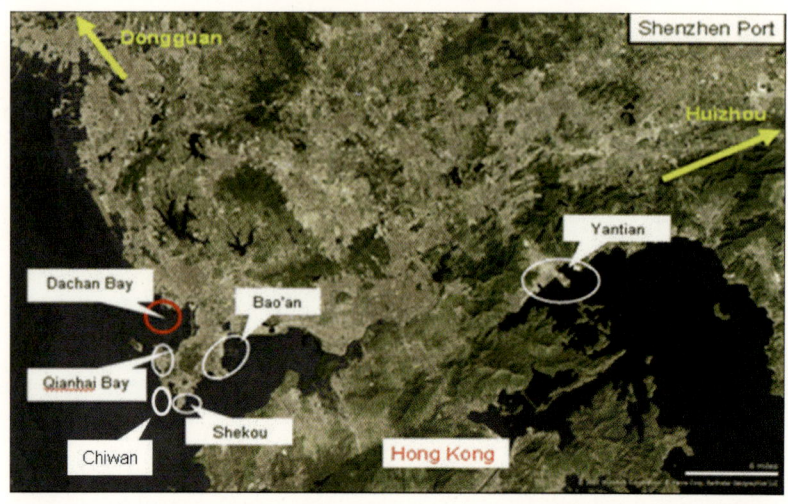

개발 단계	선석 개수	주요 주주	지분율	비고
Dachan Bay Phase Ⅰ	5+2	MTL	65%	2007년 개장
		선전시 정부	35%	
Dachan Bay Phase Ⅱ	4	APM	51%	2009년 개장
		선전시 정부	35%	
		초상은행	14%	
Dachan Bay Phase Ⅲ	7 (Feeder Terminal)	–	–	계획 중
Dachan Bay Phase Ⅳ	6	–	–	계획 중

광저우항(广州港)

광저우항은 중국 남부 최대지벌크, 오일 등을 처리하는 다목적 항만이다. 컨테이너 터미널은 신강(Xingang), 신샤(Xinsha), 난샤(Nansha) 등 3개 터미널로 구성되어 있으며, 난샤 터미널은 컨테이너 전용터미널로 개발되었다.

신강 및 신샤 터미널은 광저우시의 중심에 위치하고 있으며, 난샤 터미널은 주강 입구에 위치해 있다. 난샤 터미널은 2000년대에 이르러 주강 내륙 지역 물량을 목표로 개발되기 시작했으며, 2004년 1차, 2007년 12월에 2단계 공사가 마무리되었고, 2012년 이후 3단계 공사를 계획 중이다.

선전의 다찬베이 터미널과 주강 내륙의 물량을 두고 경쟁관계에 있으며, 중국 남부지역의 허브항구로 주목받고 있다.

〈난샤항 위치도〉

2010년 광저우항 연 화물 처리량은 4억 톤을 넘었으며 컨테이너 처리량은 1,200만 TEU를 넘어섰다. 또한 2015년까지 광저우항그룹은 1.2억 톤을 더 처리할 수 있는 터미널 건설에 2조 5천억 원(150억 RMB)을 투자할 계획이다. 광저우항은 화남지역 최대의 교통요충지이다.

칭다오항(青島港)

　1892년에 개항되어 112년의 역사를 가진 항구로, 중국 내륙운송의 거점 항만으로서 중국 최대의 벌크항만이면서 컨테이너 환적항만이다.

　구항만, 황다오(黃島) 원유항만, 전만(前灣) 신항만으로 크게 구분되며, 15개 부두와 72개 선석을 보유하고 있고 연간 화물처리능력은 1억 톤 이상이다. 구항은 칭다오시 중심에 인접해 있으며, 황다오와 전만신항은 칭다오시 해안 건너편에 위치해 있다. 구항은 벌크 전용, 신항은 컨테이너를 주로 처리한다.

　특히 전만(前灣) 신항만은 칭다오의 신도시가 있는 경제개발구역에 위치하고 있으며 최근 물동량이 급속히 증가하고 있는 칭다오의 대표적인 항만이다. 주요 처리 화물은 석탄, 원유, 철광석, 곡물 등이다. 2010년의 칭다오항 연간화물 처리 물동량은 3.5억 톤이며, 컨테이너 처리량은 1,200만 TEU에 달한다.

　2003년부터 글로벌 터미널 운영업체들의 자본 참여가 이루어져 전만항 터미널(QQCT)은 2,400m의 11개 선석으로 구성되어 있으며, 전면수심은 15m이며 8,000TEU급 대형선박의 서비스가 가능하고, 야드의 폭이 매우 넓으며 선석과 조화가 잘 되어 있다. 전만항 터미널은 수출 비중이 높은 터미널로 주위에 많은 컨테이너 데포(DEPO)가 존재하고 있다.

〈칭다오 신구 항만 위치〉

또한 칭다오와 르자오(日照)의 경계인, 쟈오난(膠南)시에 위치한 둥쟈커우 항만은 중국 국내 Bulk 화물의 집산 중심 및 에너지 환적지 개발을 목표로, 2020년까지 장기 계획으로 건설되고 있으며, 현재는 2012년에 40만 톤급 대형 광석선박이 접안 가능한 부두 건설이 진행 중이다. 둥쟈커우 항만 개발이 완료됨에 따라 전만(前灣) 신항만 외곽에 있는 탱커 및 벌크 부두가 이전함으로써, 전만 신항만은 명실 공히 컨테이너 전용부두로써, 둥쟈커우 항만은 벌크 전용부두로써 지속적인 성장을 기대할 수 있다.

2012년 항만의 연간 생산능력은 총 선석 수 112개로 연간 처리 능력은 약 3억 7천만 톤으로 예상되고 있다. 최근 구항과 신항을 연결하는 칭다오 해만대교와 해저터널이 2011년 6월 30일에 개통함으로써 칭다오항의 역할은 더욱 중요해질 전망이다.

중국 해운 산업의 특징

　2000년에는 중국 내 항만 중 전 세계 화물 처리량 10위 안에 드는 항구는 오직 2개뿐이었다. 그러나 2010년에는 세계 10대 항만 중 중국 항만은 6개를 차지한다. 세계 제조업 중심이 아시아지역으로 전환됨에 따라 아시아지역, 특히 중국의 항만발전이 가속화되었던 것이다. 1985년에는 세계 10대 항만 중 하나도 들지 못했던(당시 홍콩은 영국의 통치하에 있었음) 중국의 항만이 2010년엔 세계 10대 포트에 6개 항구가, 20대 항만 중에서 중국 항만은 2010년 9개에서 2011년 현재 11개로 증가했다.

〈25년간 세계 10대 항만 순위〉

	1985년	2000년	2004년	2010년
1위	로테르담	홍콩	홍콩	상하이
2위	뉴욕	싱가포르	싱가포르	싱가포르
3위	홍콩	부산	상하이	홍콩
4위	고베	카오슝	션전	션전
5위	앤트워프	로테르담	부산	부산
6위	요코하마	상하이	카오슝	닝보
7위	함부르크	LA	로테르담	광저우
8위	기륭	롱비치	LA	칭다오
9위	부산	함부르크	함부르크	두바이
10위	롱비치	앤트워프	두바이	로테르담

　이는 한 나라의 항만이 18,000㎞에 달하는 해안선을 따라 세계 10대 항만 중에 6개 항구나 존재한다는 것은 상당히 흥미스럽고 중국만이 갖고 있는 해운 산업의 특징이라 볼 수 있다.

　또 다른 특징으로 벌크선 규모와 컨테이너 선대와의 비대칭 구조이다. 2010년 중국의 선대 규모는 세계 3위이고, 벌크선 규모는 세계 1위이다. 물론 중국 자원의 50%는 자국 선사가 운송해야 한다는 원칙 아래 벌크선 등에 치중한 부분도 있지만, 전 세계 무역에서 차지하는 중국 비중을 고려하면 컨테이너 선대 규모는 아직도 많이 뒤떨어져 있다.

컨테이너선박은 세계해운의 발전 추세이며, 일국의 해운발전 수준을 결정짓는다고 한다. 그러나 중국의 컨테이너선박 운송이 빠르게 발전하고 있음에도 불구하고, 컨테이너 전문 선대로서의 중국원양그룹(COSCO)과 중국해운그룹(China Shipping)의 컨테이너 운송 규모는 2010년 기준 세계 선복량의 7%를 넘지 못했다.

〈2010년 선사별 컨테이너 선복량 규모〉

Rnk	Operator	Teu	Share	Existing fleet / Orderbook
1	APM-Maersk	2,380,692	15.3%	
2	Mediterranean Shg Co	2,003,212	12.9%	
3	CMA CGM Group	1,291,166	8.3%	
4	COSCO Container L.	621,755	4.0%	
5	Evergreen Line	612,960	3.9%	
6	Hapag-Lloyd	604,959	3.9%	
7	APL	583,461	3.6%	
8	CSAV Group	543,781	3.5%	
9	Hanjin Shipping	512,746	3.3%	
10	CSCL	492,577	3.2%	
11	MOL	423,757	2.7%	
12	OOCL	410,802	2.6%	
13	NYK Line	398,376	2.6%	
14	Hamburg Süd Group	384,124	2.5%	
15	Yang Ming Marine Transport Corp.	344,512	2.2%	
16	K Line	334,257	2.2%	
17	Zim	333,889	2.2%	
18	Hyundai M.M.	315,305	2.0%	
19	PIL (Pacific Int. Line)	268,894	1.7%	
20	UASC	238,094	1.5%	

따라서 중국정부는 항만의 지속적인 투자 개발 유치, 내륙 수송개발에 대한 자국선사 우선권 부여, 또한 조선산업과 연계한 금융, 세제 지원등, 각종 자국선사 지원정책을 실행하였고 이러한 노력의 일환으로 COSCO는 2011년 7월 통계로 선복량기준 4위(4.0%)를 차지하는 등 성과를 보이고 있다.

컨테이너선대의 운영 특성상 중국이 단시간에 세계 1, 2, 3위인 Maersk, MSC, CMA 등 선사를 제치기는 쉽지 않겠지만, 아직 외국 선사들이 중국 내륙 서비스를 하기에 많은 규제가 있는 것을 고려할 때, 내륙 서비스와 연계 운영한다면 가까운 시일 내에 China Shipping도 5위 규모로 올라갈 수 있을 것으로 예상된다. 이렇게 될때 Cosco, China Shipping의 선단은 선대규모면에서 조만간 4, 5위를 기록하게 된다.

내항 항로의 발달과 장강 내하수계

서부대개발이라는 국가적 정책과 맞물려 연안과 내륙을 연결하려는 정부 정책에 의해 내항을 중심으로 하는 항로의 정비도 1999년 이후부터 빠른 속도로 추진되고 있다.

12차 5개년 규획에 의하면 장강 등 내하항로건설을 대대적으로 추진하고 내하수운선박 표준화 및 항만 대형화 발전을 추진한다는 내용을 담고 있다. 중국 정부는 2015년까지 전국 내하 고등급 항로표준 달성길이가 2010년 말보다 3,000㎞ 증가, 항만 물동량이 13억 톤 증가, 선박평균톤수가 2010년의 450톤에서 800톤으로 증가, 단위 운송 원가를 2010년보다 10% 감소를 목표로 한다는 정책을 발표했다.

현재 중국의 내륙수운 통항길이는 12만 3,000㎞이며, 그중에 장강수계가 52%, 주강수계는 13%, 경항 대운하-후아이허는 14%, 헤이룽쟝-쑹화쟝 수계는 7%를 차지하고 있다. 그중에 1,000톤급 선박이 통항 가능한 3급 이상의 고급항로는 약 8,800㎞이며 내하항만의 접안선석은 2만 6,000개에 달한다.

이 중 중국의 내항항로 중 가장 중요한 역할을 담당하고 있고 향후 더욱 발전이 기대되는 곳은 장강수계이다. 장강은 총 연장 6,300㎞, 14개 성, 2개 직할시, 1개 자치구를 거치는 내륙수로이며 중국 대륙의 동서를 연결하는 최대의 하천이자 수운 대동맥이다.

■ 장강 기본 현황

장강은 총 길이 6,211.31㎞, 유역면적 180만㎢

- 상류(이창까지) 길이 4,504㎞, 유역면적 100만㎢
- 중류(이창-후커우) 길이 955㎞, 유역면적 68만㎢
- 하류(후커우부터) 길이 938㎞, 유역면적 12만㎢

장강은 중국에서 수자원이 가장 풍부한 강으로 수자원 총량은 96.16
억㎥, 전국 하천 수자원 총량의 36%에 해당한다. 즉 적도우림지대의 아
마존 및 콩고 강과 버금가는 규모이며 수자원 총량을 볼 때 세계 제3위
에 해당한다. 장강 수계 중에서 가장 눈여겨 봐야 할 것은 충칭이다.

충칭의 약진과 도전

충칭은 중국의 7대 물류개혁 시범도시 중 유일하게 서부에 위치한 도
시로 다음과 같은 장점을 가지고 있다.

첫째, 지역적으로 충칭은 중국 동서부 접경지역에 있어 남북의 결합
점이라고 할 수 있으며 최적의 지리적 위치와 여건을 갖고 있다.

둘째, 충칭은 서부에서 유일하게 항운수로를 갖추고 있고 충칭항운
중 쓰촨, 구이저우, 산시에서 들어오는 컨테이너 화물량은 2010년 60%
에 달하고 있다. 수로를 통한 항운은 모든 화물운송 중 가장 경제적인
것이므로 장강을 이용한 항운은 매우 큰 잠재력을 갖고 있다.

셋째, 바로 충칭 자체가 대형 공업·상업의 중요도시라는 점이다. 충

칭은 서부 최대의 자동차, 오토바이 생산기지이고 동시에 화공, 식품 가 공기지로서 대량의 물자에 수요가 있어 물류업에 가장 중요한 물량을 확보할 수 있는 곳이다. 특히 2006년 삼협(싼샤)댐 완공된 이후로 수심 이 깊어지면서 수로를 통한 대형 화물운송이 가능해짐으로써 1만 톤급 컨테이너선까지 다닐 수 있게 되었다. 또한 중국 최대 도시인 상하이까 지 2,000㎞를 선박으로 가면 빠르면 7일 내에 상하이항과 닿을 수 있는 거리에 있어 환적 등에 유리하다.

최근에 충칭은 '3기지 4항구'란 프로젝트를 준비하고 있다. '3기지'란 전국 18개 철도 연결지의 컨테이너를 모아 두는 컨테이너 중심의 철도 물류기지, 전국 허브 공항인 충칭 쟝베이국제공항(江北國際机場) 항공 물류기지, 전국 고속도로의 허브인 충칭 바난구(巴南區) 물류기지를 말 한다.

‘4항구’란 수운자원을 결합시키고 내륙지역의 유일한 보세구가 있는 충칭시 춘탄항(寸灘港), 궈위안항(果園港), 둥강항(東港港) 항구 등 4개 항구로 2020년까지 완공 목표로 하고 있다.

  1조 7천억 원(백억 RMB) 이상을 투자할 계획으로, 춘탄항(寸灘港)과 궈위안항(果園港)은 이미 건설이 시작되었으며 바난구(巴南區)의 물류기지 역시 건설 계획 초기 단계에 들어서고 있다. ‘3기지 4항구’ 프로젝트가 완성된다면 충칭시는 명실상부 중국 서부지역 교통·물류중심지가 될 것으로 전문가들은 내다보고 있다.

  현재 중국 내륙으로 연결되는 컨테이너 운송수단 중 트럭 비중(84%)이 절대적임을 볼 때, ‘3기지 4항구’가 완성되면 트럭대비 저렴한 운송료와 안정성을 무기로 피더(Feeder)와 철도에 의한 내륙 개발은 더욱 탄력을 받을 수 있을 것이다. 특히 철도와 연계한 운송모드도 정부 차원에서 적극 지원하고 있어 향후 철도 비중은 더욱더 늘어날 것으로 예상된다. 철도운송화물 중 대부분 물동량이 석탄과 금광석 등 광물자원이 대다수이지만 컨테이너 운송 비율은 겨우 2.5%임을 감안할 때 향후 트럭 운송에 대한 대안으로 철도를 이용한 환승물량은 더욱 증가할 것으로 예상된다.

  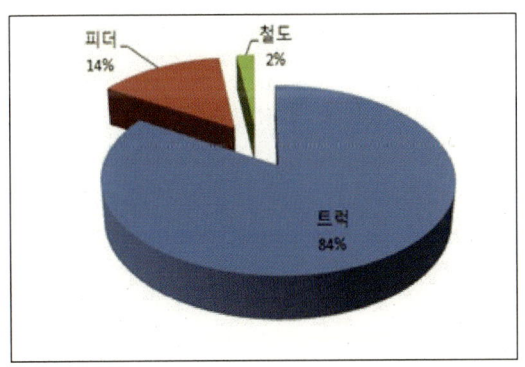

중국 해운 산업의 도전과 미래

21세기에 들어 세계경제 글로벌화에 따라 중국은 보다 현대적이고 효율적인 항만개발 필요에 직면하였다. 이에 따라 2001년 7월 중국 국무원은 교통부 직속 및 중앙정부와 지방정부가 이중적으로 관리하던 항만을 모두 지방정부로 이양하기로 결정함과 더불어 행정과 경영을 분리하여 항만으로 하여금 독립적으로 경영하도록 하였다.

이러한 개혁은 홍콩과 션전의 경제특구모델을 적용한 것으로 항만자원의 개발 및 운영 측면에서 중국의 시장화, 기업화수준은 유럽 등 선진국보다 월등히 높다고 평가할 수 있으며, 이러한 점이 최근 중국을 항만대국으로 급부상하게 한 제도적인 장점으로 중국을 해운대국으로 만들어 온 것이다.

그러나 중국은 컨테이너 선대 규모의 낮은 비중이나 삼자 물류 등 많은 도전과 발전이 필요하다. 즉 해운 대국이지만 아직 해운 강국이라 보기에 컨테이너 선대 비중이 낮고, 물류 발전수준, 서비스 등이 선진 해운국에 비교하면 상당히 낙후되어 있다.

특히 통관 시스템이나 절차, 공무원들의 서비스 마인드 등은 많은 개선이 필요하다. 또한 삼자 물류 분야에선 대다수 토종 물류기업은 글로벌 시장에 나가면 간단한 운송과 비축 서비스를 제공할 수밖에 없는 현실에 있다. 중국 해운 물류 기업 중 진정한 글로벌 물류 서비스를 제공할 수 있는 기업은 COSCO 외에 없다는 조사도 있다.

이번 12차 5개년 규획은 중국 정부가 정부와 민간 차원에서 이런 상황을 개선코자 하는 의지를 보였다고 할 수 있다. 반면에 중국에 지속적인 성장을 원하는 외국 해운 기업들은 많은 도전에 직면하게 될 것이다. 장강삼각주 같은 내항 운항 서비스는 현행법상 외국 선사가 하기에 어려운 사업이다. 즉 내하 운항과 연안 운항을 연결하는 서비스를 통해 중국 선사들이 더욱 뻗어 나갈 수 있는 환경과 이런 여건이 조성됨으로써 중국 선사들의 컨테이너 선대 규모는 더욱 확대될 것으로 보인다.

2011년 5월 컨테이너 처리 실적 컨테이너 화물 처리량 6,380만 TEU로 동년대비 13% 증가하였으며, 그중 연해항구 처리량은 5,720.25만 TEU로 동년대비 12.5% 증가했으며 내륙항구도 659.75만 TEU로 동년대비 18.3% 증가하였다. 또한 1월~5월간 총 화물 처리량은364,916톤으로, 동년대비 14% 증가하였고 그중에서 연해 항구가 250,111만 톤으로 동년대비 13.3% 증가하였으며, 내륙 항구는 114,805만 톤으로 동년대비 15.6% 증가하였다.

매년 10% 이상 중국 경제는 성장하고 있다. 하기 상하이의 발전에서 보듯이 하루가 다르게 변해 가는 중국의 성장은 소름이 돋을 정도이다. 이런 중국의 발전전략은 12차 5개년 계획의 슬로건에 잘 표현되어 있다.

'서부로, 세계로, 미래로'란 슬로건으로 세계 최대화물 수출국인 중국의 임가공 산업이 동부 연안을 넘어 내륙으로 발전하면서 중국도 서부 대개발에 따른 세계 최대 화물 수입국으로 변해 가고 있다.

육상운송으로는 국제 교역이 불가능한 지형적 특성상 우리나라는 수출입 무역을 절대적으로 해상운송에 의존할 수밖에 없는 환경 속에서, 중국 중심의 글로벌 물류시장이 형성되어 가고 있는 Pax China 시대에 우리 해운 산업을 어떻게 지켜나가야 할지 많은 고민이 필요한 시기이다.

〈상하이: 1990년〉 〈상하이: 2010년〉

Part III

중국 물류의 특징

제1장

행정 조직과 정책

물류 정책 및 행정 조직의 발전

1981년 중국 국가물자총국(國家物資總局)의 전문 간행물「물자 경제 연구 통신」을 통해 베이징 물자대학의 왕즈타이(王之泰) 교수가 기고한 물류담론이 발표된 이후 비교적 완전한 물류의 개념이 중국에 소개되기 시작했다.

개혁·개방 초기인 1980년대 중국은 각종 산업이 급속도로 성장하여 대부분의 업종이 큰 폭의 이윤을 기록했지만, 물류의 개념은 명확하게 정의되지 않아 물류업 발전에 대한 관심과 연구도 상대적으로 부족하였다.

그러나 1990년대 들어서면서 각종 산업 경쟁이 심화되고 3PL 등 새로운 개념의 물류가 형태를 잡아감에 따라, 정부 기관들도 중국 물류업의 발전을 이해 본격적으로 정책 연구에 관심을 기울이기 시작했다.

2001년 3월에 국가경제 무역위원회와 철도부, 교통부, 대외경제 무역부, IT산업부, 민항총국 등 6개 부처가 공동으로 중국 정부 기관으로는 처음으로 '현대 물류 발전을 위한 의견(關于加快我國現代物流發展的若干意見)'이라는 현대 물류업의 발전을 위한 정책을 발표하였다.

이 '의견'에서는 경제발전에 따른 변화에 따라 기업은 물자 소모의 절약, 노동 생산성 향상 이외에도 '제3의 이윤'이라 말할 수 있는 현대 물류가 전 세계적으로 주목받고 있다고 전제하였다.

그리고 중국의 현대 물류 발전을 위한 '지도사상' 및 '목표'를 개념화하였으며, 그를 위해 몇 가지 구체적인 정책 의견을 명시했다. 즉 적극적인 현대 물류 시장의 배양, 제3자 물류의 적극적 추진, 물류 기업 간의 연합 강화, 물류 기초 인프라의 지속적 건설, 과학화·시스템화·표준화, 대외 개방 지속 확대, 인재 양성, 산학 연계 연구 촉진 등 정책 방향을 발표했다.

이어서 2004년 국가발전개혁위원회, 상무부, 세무총국, 민용항공총국, 공안부, 철도부, 교통부, 해관총서, 공상총국 등 9개 부처가 '현대 물류업 발전 촉진을 위한 의견'이라는 공문을 통해 행동 강령식의 지침을 통지하였다.

그러나 여러 행정 조직들이 비슷한 정책과 조치들로 물류업을 관리하여 불필요한 혼선이 야기되었으며, 냉정한 전망과 합리적인 계획 없이 전국 지방 정부들이 경쟁적으로 투자한 결과 물류원구(物流園區) 같은 곳은 한때 50%에도 못 미치는 가동률을 기록하기도 하였다.

참고로 물류원구는 'Logistics park of a freight village'로 번역 표현할 수 있으며, 각종 물류 기업 및 설비들이 집중적으로 자리 잡아 다양한 물류 서비스를 한곳에서 받을 수 있는 구역이다.

이에 2008년 국무원은 교통부, 민용항공총국, 건설부, 우정국 등 정부 기관의 물류 관련 관리 기능들을 통합하여 교통운수부를 신설, 일괄 관리하게 하였다. 이에 따라 철도부가 관할하는 철도운송 이외 수상, 육상, 항공, 우편 등 4대 운송은 교통운수부가 관리하게 되었다.

물류 관련 주요 정부 기관

○ 중국 국가 기구표

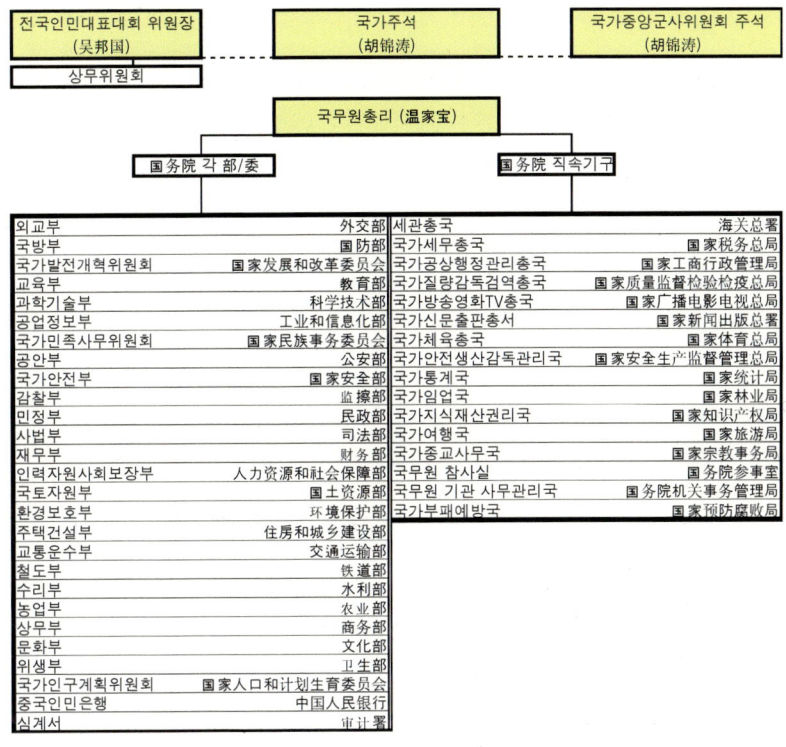

외교부	外交部	세관총국	海关总署
국방부	国防部	국가세무총국	国家税务总局
국가발전개혁위원회	国家发展和改革委员会	국가공상행정관리총국	国家工商行政管理局
교육부	教育部	국가질량감독검역총국	国家质量监督检验检疫总局
과학기술부	科学技术部	국가방송영화TV총국	国家广播电影电视总局
공업정보부	工业和信息化部	국가신문출판총서	国家新闻出版总署
국가민족사무위원회	国家民族事务委员会	국가체육총국	国家体育总局
공안부	公安部	국가안전생산감독관리국	国家安全生产监督管理总局
국가안전부	国家安全部	국가통계국	国家统计局
감찰부	监察部	국가임업국	国家林业局
민정부	民政部	국가지식재산권리국	国家知识产权局
사법부	司法部	국가여행국	国家旅游局
재무부	财务部	국가종교사무국	国家宗教事务局
인력자원사회보장부	人力资源和社会保障部	국무원 참사실	国务院参事室
국토자원부	国土资源部	국무원 기관 사무관리국	国务院机关事务管理局
환경보호부	环境保护部	국가부패예방국	国家预防腐败局
주택건설부	住房和城乡建设部		
교통운수부	交通运输部		
철도부	铁道部		
수리부	水利部		
농업부	农业部		
상무부	商务部		
문화부	文化部		
위생부	卫生部		
국가인구계획위원회	国家人口和计划生育委员会		
중국인민은행	中国人民银行		
심계서	审计署		

1. 상무부(Ministry of commerce of the people's republic of China)

대외 무역 및 국제 경제 협상을 담당하는 국무원 부서이다. 물류 산업과 관련된 정책을 수립 추진한다. 산하에 중국 국제 포워딩 협회를 두어 포워딩 업체들을 관리하고 있다. 조직은 표와 같이 23개 사(司), 4개 국(局) 등으로 구성되어 있다.

級	부서명
사(司)	인사사(人事司), 종합사(綜合司), 조례법규사(条法司), 재무사(财务司), 시장질서사(市場秩序司), 시장건설사(市場建设司), 유통발전사(流通发展司), 시장운영사(市場运行司), 대외무역사(外贸司), 서비스무역사(服贸司), 산업사(产业司), 외자사(外资司), 대외원조사(援外司), 합작사(合作司), 국제사(国际司), 세계무역사(世贸司), 아시아사(亚洲司), 서아시아 아프리카사(西亚非洲司), 유럽사(欧洲司), 미주 대양주사(美大司), 대만 홍콩 마카오사(台港澳司), 전자상업사(电子商业司), 외사사(外事司)
국(局)	공평무역국(公平贸易局), 부패척결국(反垄断局), 산업조사국(产业调查局), 퇴직간부국(离退休干部局)
기타	판공청(办公厅), 정책연구실(政研室), 당위원회(机关党委), 기율위원회(机关纪委)

2. 중국 국제 포워더 협회(China International Freight Forwarders Association)

상무부 관할 협회로 포워더 관련 정책 자문 등 업계 공동 관심사를 함께 논의하여 정부 기관과 함께 추진한다. 회장 기업은 Sinotrans(中國 外運)이며, 부회장 기업은 KerryEAS logistics(嘉里大通), China Minmetals co.(中國五礦) 등 9개 사가 있다.

3. 교통운수부(Ministry of transport of the people's republic of China)

도로, 수상 운송 및 운송 인프라 등 교통 운수 관련 국무원 산하 정부 기관이다. 조직은 8개 사(司), 6개 국(局) 등으로 구성되어 있다.

級	부서명
사(司)	정책법규사(政策法规司), 종합기획사(综合规划司), 재무사(财务司), 인사노동사(人事劳动司), 도로운수사(道路运输司), 안전감독사(安全监督司), 과학기술사(科技司), 국제협력사(国际合作司)
국(局)	도로국(公路局), 수상운송국(水运局), 공안국(公安局), 퇴직간부국(离退休干部局), 기율감찰국(纪检组监察局), 복리후생국(机关服务局)
기타	판공청(办公厅), 당위원회(机关党委), 수색구조중심(搜救中心)

4. 중국민용항공국(Civil Aviation Administration of China)

1949년 공군의 지휘 감독하에 있던 행정기관으로 시작하여, 현재는 국영 항공사 35개사, 민영 항공사 8개사 및 150여 개 민용 공항 관리 및 정책을 담당하고 있는 교통운수부 산하의 기관으로 10개 사(司), 2개 국(局) 등으로 조직 구성되어 있다.

級	부서명
사(司)	종합사(綜合司), 정책법규사(政策法規司), 발전기획사(发展计划司), 재무사(财务司), 인사과교육사(人事科教司), 국제사(国际司), 운수사(运输司), 비행표준사(飞行标准司), 항공기운항적합심사사(航空器适航审定司), 공항사(机场司)
국(局)	공안국(公安局), 퇴직간부국(离退休干部局),
기타	항공안전판공실(航空安全办公室), 당위원회(直属机关党委), 당조직기율팀(党组纪检组), 항공관제판공실(空港行业管理办公室), 전국민항공회(全国民航工会)

5. 철도부(The ministry of railways of The people's republic of China)

2008년 제11차 전국인민대표회의 1차 회의 때 개편 설립된 철도 관련 국무원 산하 정부 기관이다. 중국의 철도는 1876년 영국 회사에 의해 건설된 총 길이 12㎞의 상하이우송 철도(上海吳淞鐵路) 이후, 현재 중국 내 총 연장 8만여㎞에 연간 약 16.8억 여객, 36.3억 톤의 화물 운송량을 기록하고 있다. 9개 사(司), 3개 국(局) 등으로 조직 구성되어 있다.

級	부서명
사(司)	정책법규사(政策法规司), 발전기획사(发展计划司), 재무사(财务司), 과학기술사(科学技术司), 인사사(人事司), 건설관리사(建设管理司), 국제협력사(国际合作司), 안전감찰사(安全监察司), 노동위생사(劳动和卫生司)
국(局)	운수국(运输局), 공안국(公安局), 퇴직간부국(离退休干部局)
기타	판공청(办公厅), 당위원회(直属机关党委), 기율검사위원회(纪律检查委员会), 전국철도단체위원회(全国铁道团委), 정치선전부(政治部宣传部), 전국철도공회(中华全国铁路总工会)

6. 국가세무총국(State Administration of Taxation)

1950년 재정부 소속 기관으로 설립되어, 1988년 국무원 직속 기관으로 승급된 후, 1993년 현재의 이름으로 바뀌어 지금에 이르고 있는, 각종 세수 업무 총괄을 맡고 있는 국무원 직속 기관이다. 전 조직이 행정적으로 4급(級)으로 나누어진 수직적 조직 체계를 갖추고 있다. 즉 1급인 국가세무총국, 2급인 성(省)급 국가세무국-자치구, 직할시, 3급인 지(地)급 국가세무국-시(市), 주(州), 맹(盟) 그리고 4급인 현(縣)급 국가세무국-시(市), 기(旗)로 구분된다.

국가세무총국은 12개 사(司)와 2개 국(局) 등으로 구성되어 있다.

級	부서명
사(司)	법규사(法规司), 소득세사(所得税司), 국제세무사(国际税务司), 세수기획사(规划核算司), 납세서비스사(纳税服务司), 징수관리 과학기술사(征管科技司), 재무사(财务司), 화물 노동세사(货物劳动税司), 재산 행위세사(财产行为税司), 인사사(人事司), 대기업관리사(大企业管理司), 내부감독심사국(督察内审司)
국(局)	검사국(稽查局), 감찰국(检查局)
기타	판공청(办公厅), 당위원회(机关党委), 퇴직간부판공실(离退休干部办公室)

7. 국가외환관리국(State Administration of Foreign Exchange)

화폐 금융 관리, 대외 수지 발전 및 외환 관리 등을 맡고 있는 부부급 (副部級) 국무원 직속 기관이다. '과학적·합리적·효과적'인 외환관리 체계를 확립하고, 건전한 국제 수지의 시장 메커니즘과 관리 체계 완성, 국제 수지 평형, 국내와 대외 경제의 균형발전 등의 정책 방향을 내세우고 있다.

8개 사(司) 및 부속 사업 조직 등으로 조직 구성되어 있다.

級	부서명
사(司)	종합사(内设综合司), 국제수지사(国际收支司), 경상수지관리사(经常项目管理司), 자본항목관리사(资本项目管理司), 관리검사사(管理检查司), 비축관리사(储备管理司), 인사사(人事司), 과학기술사(科技司)
기타	당위원회(机关党委), 중앙외환업무중심(中央外汇业务中心), 외환업무데이터감시중심(外汇业务数据监测中心), 기관서비스중심(机关服务中心)

8. 국가질량감독검역총국(General Administration of Quality Supervision, Inspection and Quarantine of the people's republic of China)

수출입상품 검역, 수출입 식품 안전 승인, 표준화 및 계량 등 업무를 관장하는 국무원 직속 기관으로서, 국가 인증 허가 위원회와 국가 표준화 위원회가 산하에 있다. 총국 내부에 15개 사(司)와 4개 국(局) 이외에 연구소 출판사 등 15개 사업 조직, 10개 관련 협회도 산하 조직으로 있다.

級	부서명
사(司)	법규사(法規司), 품질관리사(质量管理司), 계량사(计量司), 통관업무사(通关业务司), 위생검역감독사(卫生检疫监管司), 동식물검역사(动植物检疫监管司), 검사관리사(检验监管司), 제품질량감독사(产品质量监督司), 식품생산감독사(食品生产监管司), 집행감독사(执法督查司), 국제협력사(国际合作司), 과학기술사(科技司), 인사사(人事司), 기획재무사(计划财务司), 내북감독심사사(督察内审司)
국(局)	수출입식품안전국(进出口食品安全局), 특수설비안전감찰국(特种设备安全监察局), 감찰국(监察局), 퇴직간부국(离退休干部局)
기타	판공청(办公厅), 당위원회(机关党委)

제2장

통관(通關)

해관총서(海關總署, General Administration of Customs of the people's republic of China)

해관(海關)은 수출입 감독 관리 기관으로 중앙 집중적·수직적 관리 체계를 갖고 있으며, 주요 기능으로는 통관 관리, 밀수 단속, 보세 관리, 지적 재산권 보호 등이 있다.

전국의 해관을 총관리하는 해관총서는 17개 내부 부서와 6개 직할 사업부 및 해관 학회, 통관 학회, 개항지 협회, 보세구 수출가공구 협회 등 4개 사회단체를 함께 관리하고 있다.

해관총서가 관리하는 중국의 해관 조직은 광동분서(廣東分署), 티엔진(天津), 상하이특파사무소(上海特派辦) 및 41개 직속 해관, 2개의 해관 학교 등 총 46개 지할 해관과 600여 개 예속 해관 및 출장소가 있으며, 그 외 6,000여 개의 보세구역 등 해관 감독 지역이 있다. 현재 약 5만 명의 해관원이 근무하고 있다.

중국 해관은 2003년 2월 제9차 전국인민대표자대회 상무위원회 32차 회의에서 통과된 조례에 따라, '5등(等)13급(級)'의 수직적 계급 체계를 유지하고 있다. 5등 13급은 일등-해관총감(海關總監), 해관부총감(海關副總監)부터, 이등-관무감독(關務監督: 一級, 二級, 三級), 삼등-관무독찰(關務督察: 一級, 二級, 三級), 사등-관무독판(關務督辦: 一級, 二級, 三級), 오등-관무원(關務員: 一級, 二級)까지이다.

■ 해관총서의 부서별 주요 직무

1) 판공청(辦公廳): 정책 및 발전 계획 수립, 언론 창구 및 홍보 업무.

2) 정책법규사(政策法規司): 관련 법률, 법규 초안 수립. 해관 행정 관리 및 해관 업무 표준화 진행. 법규 집행 관리.

3) 관세정관사(關稅征管司): 관세 정책 및 세율 조정. 수출입 상품 분류 및 수출입 상품 원산지 증명 및 감독.

4) 검관사(監管司): 화물 통관 규정, 제도 연구 실행. 통관 데이터베이스 관리, 휴대수화물, 우편물, 음향 출판물, 특수 물품 통관 관리.

5) 가공무역 및 보세 감독사(加工貿易及保稅監管司): 가공 무역, 보세구 등 해관 특수 관리 구역 관련 정책 입안. 국무원으로부터 위임받은 보세구, 수출가공구 등 해관 특수 관리 구역 승인, 허가.

6) 종합통계사(綜合統計司): 수출입 무역 통계, 발표.

7) 검사사(稽查司): 일반 무역, 가공 무역 등의 통관 후 추격, 관리. 통관 업무 종사자들의 자격 관리.

8) 밀수탈세 단속국(緝私局): 각종 밀수, 탈세 행위 적발 단속. 중대 위법 행위 처벌.

9) 과학기술 발전사(科技發展司): 해관 전자 통관 시스템 선진화 추진, 대외 EDI 연결 감독.

10) 국제협력사(國際合作司): 해외 해관 관련 조직과의 협력, 교류. 관련 국제기구와의 협력 및 국제 조약 체결.

11) 재무장비사(財務裝備司): 해관 예/결산 수립, 집행. 해관 고정 자산 관리.

12) 내부감독심사사(督察內審司): 내부 감찰 감독.

13) 인사교육사(人事敎育司): 해관 내부 인사 관리 및 교육.

〈5등(等) 13급(級) 표지〉

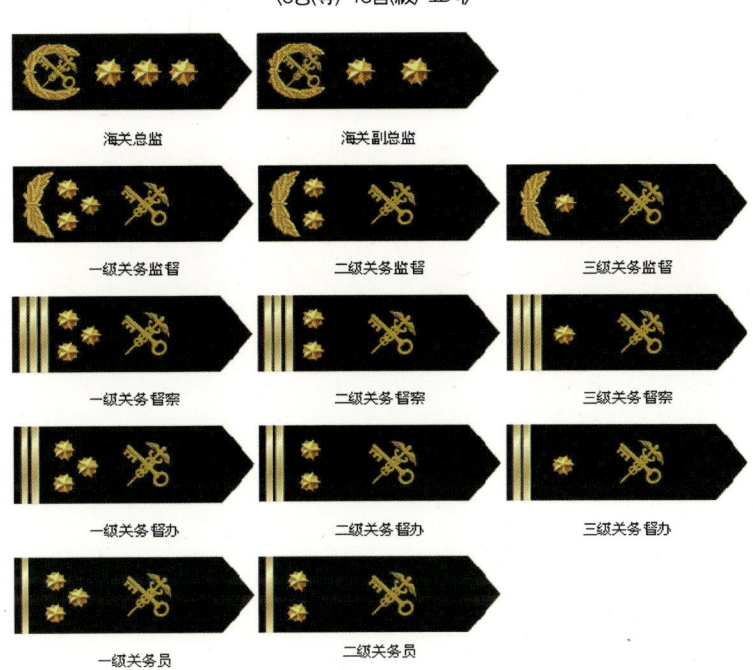

통관 및 상품 검역

중국에서 통관 및 상품 검역 수속을 대행하는 회사 혹은 개인은 일정한 자격과 허가가 필요하다. 통관 회사(報關企業)는 일정한 자격 조건 (자본금 150만 RMB(약 2억 7천만 원), 통관원 5명 이상─중·서부 지역은 3명 이상)을 갖추고 해관(海關)으로부터 허가를 받은 경우 회사 설립을 할 수 있으며, 일반 물류업(운송 대리업, 창고업, 배송업 등)도 겸할 수 있다. 다만, 통관 회사는 수출입 화물의 Shipper 혹은 Consignee의 신분을 겸할 수 없다.

통관원(報關員)은 전문대졸 이상의 학력을 가진 사람이 국가 자격시험을 통과하고 통관회사에서 3개월의 실습 기간을 끝마친 경우에 해관총서가 통관원 자격 증서를 발행하여 자격을 부여한다.

상품 검역은 화주인 회사 스스로 상품 검역원(報檢員)을 두어 자기 제품에 대한 검역 신청 등의 업무를 진행할 수 있고, 상품 검역 전문 회사(報檢企業)에 위탁할 수도 있다. 상품 검역 전문 회사는 자본금 150만 RMB(약 2억 7천만 원)에 상품 검역원 10명 이상의 조건을 갖추고, 국가질량감독검역총국(國家質量檢驗 檢疫總局)의 허가를 받아 그 업무를 수행할 수 있다. 상품 검역원은 고등학교 졸업 이상의 학력을 가진 사람이 국가 자격시험을 통과하여 국가질량감독검역총국이 상품 검역원 자격 증서를 발행하여 자격이 주어진다. 다만, 2년 내 상품 검역 업무에 종사하지 않으면 자동으로 자격이 상실된다.

중국에서의 수출입 통관 절차는 각 성별, 도시별로 실무상 차이가 있지만, 최근 통관 업체와 세관과 EDI 연결에 의한 전자 통관이 점차 확대되고 있어 그 절차도 점차 표준화되고 있다. 수출 통관은 화주 혹은 그 대리인이 화물을 운송 수단에 Loading하기 24시간 이전에 해관에 신고한다.

일반 무역 방식의 수출 통관은 다음과 같은 절차에 따라 행해진다.

1) 통관 신청서(報關單) 내용 작성

2) 통관 신청서 내용을 통관 업체 혹은 입력 대행업체에서 해관 전자 통관 System 형식에 맞게 EDI 입력

3) 전자 통관 System으로 EDI 전송

4) 해관 자동 심사 센터(審單中心)에서 자동 확인이 되면, 통관 신청서 출력

5) 첨부 서류와 출력된 통관 신청서를 해관 창구(海關審單窗口)에 제출

※ 첨부 서류(일반 무역인 경우)−Cargo Manifest(裝船單), Contract(合同), Invoice(發票), Packing List(裝箱單), 상검완료증명(出境貨物通關單)

5−1) 세금 납부해야 하는 경우, 세금 납부 창구(征稅窗口)에서 세금 납부 후 납부 증명(稅單) 첨부.

5−2) 해관이 화물 실물 검사를 결정한 경우, 통관원은 해관이 지정한 검사 구역으로 화물을 이동할 것을 선사/항공사에 요청한 후, 해관원과 실물 검사에 동행한다. 실물 검사 후 이상이 없을 경우, 다음 단계로 넘어간다.

6) 해관 창구(海關審單窗口)에서 해관원의 심사를 득한 신청서 및 Cargo Manifest(裝船單)를 선사/항공사에 제출

7) 선적

〈통관 절차도〉

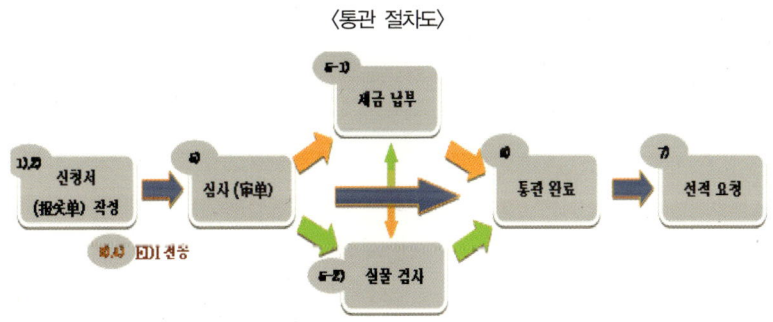

수입 통관도 수출 통관과 같은 절차를 밟는다. 다만, 통관 신청서를 EDI 전송하기 전에, 선사/항공사에서 해관 전자 통관 System에 선적 화물 Manifest를 전송 완료해야 한다.

수입 통관은 수하인 혹은 그 대리인이 항공기, 배 등 운송 수단이 착륙, 입항 신고를 통해 입국 허가를 득한 후 14일 이내에 해관에 신고한다. 15일째 되는 날부터는 하루에 화물 CIF 가격의 0.5‰의 지연 신고료가 부과된다.

그 밖에도 해관은 기업의 경영관리 상황, 수출입 신고 현황, 해관 법령의 성실 준수 여부에 따라 AA, A, B, C, D 등 5등급을 선정 후 차등 관리로 해관법을 잘 준수하는 기업에는 특혜를 부여하고, 그렇지 못한 기업에는 불이익을 주어 기업 스스로가 준수하도록 하는 기업 조사 업무도 하고 있다.

〈기업 등급 개념도 및 적용〉

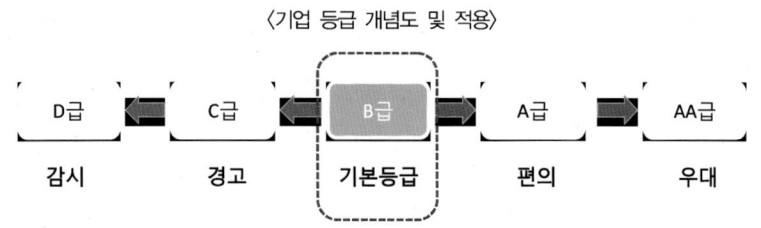

기업에 등급을 두어 차별 관리하듯이, 통관 및 상품 검역 회사도 등급에 의해 관리되고 있다. 특히, 화주인 기업과 그 통관 혹은 상품 검역을 대행하는 회사가 서로 다른 등급일 경우 그중 낮은 등급의 기준에 의해 특혜를 부여하는 등 여러 가지 등급별 차별 대우를 통해 등급을 높일 수 있도록 유도하고 있다.

제3장
가공 무역(加工功易)

가공 무역이란 국내 무역 혹은 생산 기업이 해외로부터 일부 혹은 전부의 원료 혹은 부품을 수입하여, 국내에서 가공한 후 재수출하는 무역 활동 혹은 반대로 국내의 원료 혹은 부품을 해외로 수출하여 해외 기업이 가공한 것을 재수입하는 무역 활동을 말한다. 좁은 의미의 가공 무역은 이 중 국내 가공 후 재수출하는 것을 가리킨다.

이 과정 중에서 해관(海關)은 보세 제도를 활용하여, 원료 혹은 부품의 정식 통관 절차를 사후 처리하도록 보류하고 가공된 제품의 재수출 혹은 재수입이 확정되면 관세를 면제하는 혜택과 편이를 제공한다. 이러한 제도로 인해 국가는 대량의 취업 문제를 해결할 수 있으며 일정 수준의 기술 향상 및 외화 획득을 기대할 수 있다. 가공무역의 대표적인 방식인 내료가공(來料加工) 및 진료가공(進料加工)에 대한 구체적인 내용은 다음과 같다.

내료가공(來料加工, Processing With Supplied Materials)

해외 기업으로부터 물품의 가공을 위탁받아, 일부 혹은 전부의 원료 혹은 부품을 무상으로 수입하여 가공한 후, 위탁한 해외 기업에 재수출하는 무역 방식이다. 원료 혹은 부품 수입 시, 현지 해관에 관세 및 증치세 납세를 보류하고, 재수출이 확인된 후 관세 및 증치세 납세가 면제된다.

완제품이 해외로 재수출될 경우에는 쇼우처(手冊)라 불리는 수입 신고장에 기입된 '수입 신고 시의 원료 품목 및 개수'와 '실제 수출된 완제품 안의 원료 품목과 개수'를 확인하는 과정을 거친 후, 신고 품목 및 개수가 일치하면, 면세 혜택을 가공 제조업체에 부여한다. 이 과정을 허샤오(核銷)라고 한다. 단, 내수로 판매될 때는 보류되었던 해당 관세 및 증치세를 납부해야 한다.

■ 증치세 면제 과정

1) 내료가공 원자재를 면세로 수입 통관한 기업이

2) 내료가공 수입 화물 수입 신고서 및 등기 수책을 수출 환급 주관 세무관서에 제출한다.

3) 내료가공 면세 증명을 발급한다.

4) 이를 증치세 징수 해관에 제출, 위탁 가공 화물 및 가공비에 대한 증치세 및 소비세 면세 신고를 한다.

5) 내료가공 생산 물품을 수출한 후 수출 기업은 내료가공 화물 수출 신고서와 해관에서 등록 말소 수속을 마친 내료가공 등기 쇼우처(手冊) 및 외환 수취 증빙 서류를 수출 환급 주관 세무관서에 제출하여 등록 수속, 즉 허샤오(核銷) 수속을 진행한다.

진료가공(進料加工, Processing With Imported Materials)

기업이 일부 혹은 전부의 원료 혹은 부품을 수입 구매하여 가공한 후 재수출하는 무역 방식이다. 즉 무상 수입이 아니라 구매하는 것이 내료가공과의 차이점이다. 해외의 동일 고객과 수입 및 수출 계약을 체결하기도 하고, 서로 다른 두 고객과 각각 수입 및 수출 계약을 통해 무역을 진행하기도 한다. 내료가공이 단지 가공비(加工費)를 수익으로 삼는 데 비해, 진료가공은 외환 구매, 가공, 수출 등 일련의 과정 중에서의 부가가치를 모두 수익으로 할 수 있다.

그 밖에, 만약 진료가공으로 인한 제품이 수출 관세 면제 제품이면, 원재료 수입 시에도 수입 관세 징수를 보류하고, 수출 후 면세된다.

■ 진료가공의 분류

1. 자가 가공(自行加工)
진료가공의 주요 형식으로 수입자이자 생산자인 기업이 원료 혹은 부품을 수입 구매한 후, 그 기업의 자가 설비로 가공하여 완성품을 재수출하는 방법이다.

2. 위탁 가공(委託加工)
수입자인 기업이 그 생산을 다른 생산자에게 가공을 위탁한 후, 그 완성품을 원수입자가 재수출하는 형식이다. 이때 수입 및 수출 기업은 가공 위탁한 기업에 가공비를 지급한다.

수출 장려의 중요 수단: 증치세(增置稅)

상품 거래나 용역의 제공 과정에서 얻어진 부가가치(이윤)에 과세하는 간접세로 매출세액에서 매입세액을 차감하여 납부한다. 물품 판매, 가공, 수리 등의 용역 제공 또는 물품을 수입하는 개인, 기업, 단체가 과세 대상이다.

중국 정부는 수출 우량 기업 혹은 수출 장려 제품에 대한 증치세의 면제, 공제 및 환급이라는 수단으로 해당 기업 및 제품을 간접 지원하기도 한다.

■ 면제: 제조업체의 수출 혹은 대외무역기업에 대리 또는 위탁 수출하는 생산품의 생산 및 판매과정 중 발생하는 증치세 면제 혜택을 가리킨다.

■ 공제: 제조업체의 수출 혹은 대외무역기업에 대리 또는 위탁 수출하는 제품에 대한 증치세는 환급해야 하지만, 생산제품을 내수 판매한 경우 환급해야 할 증치세액(원자재 구입 시 이미 납부한 증치세)으로부터 내수 판매 제품에 대해 납부해야 할 증치세를 공제한다.

■ 환급: 제조업체의 수출 혹은 대외무역기업에 대리 또는 위탁 수출하는 제품의 생산량이 해당 기업의 당기간 전체 화물 판매액의 50% 이상을 차지하며, 1분기 내에 이미 납부한 증치세액이 전체 세액을 초과하는 경우 그 초과분에 대해 환급 적용한다.

※ 단, 수출 제품이 당기간 전체 화물 판매액의 50% 미만인 경우에는 초과분이 있더라도 환급하지 않고, 다음 분기로 이월하여 공제 진행한다.

■ 증치세의 제품별 감면 대상

- 농업(임업, 양식업, 목축업, 수산업 포함) 생산자가 판매하는 자가 농산물
- 고서적
- 과학적 연구 실험 및 교육에 직접적으로 사용하는 도구 및 장비
- 외국 정부 및 국제기구로부터 무상 지원으로 수입하는 물자 및 장비
- 하청 가공, 하청 조립 및 구상 무역에 따라 수입을 요하는 장비 및 기계
- 진료가공을 위해 수입하는 원재료, 부품 등으로 관련 규정에 따라 증치세를 면제, 공제 또는 환급 가능하다.

제4장
보세지역(保稅地域)

보세 제도는 해관의 허가 아래 국내 반입, 저장 혹은 가공 화물에 대한 관세 부과의 보류 혹은 최종 면세를 할 수 있는 제도이다. 중국은 대내외 무역의 활성화를 위해, 중국의 특성에 맞춰 보세구, 보세 물류 원구, 보세 물류중심, 보세항 등의 특수 보세지역을 지정하여 각종 수요에 대응하고 있다.

〈각종 보세구역 비교〉

명칭	보세구 (保稅區)	보세물류원구 (保稅物流園區)	보세물류중심 (保稅物流中心)	보세항 (保稅港)	종합보세구 (綜合保稅區)
영문명칭	FTZ (Free Trade Zone)	BLP (Bonded Logistics Park)	BLC (Bonded Logistics Center)	BPA (Bonded Port Area)	IBZ (Integrated Bonded Zone)
개수	15	8	30	6	16
세금환급	×	○	○	○	○
제품가공	○	×	×	○	○

보세지역의 원조, 보세구(Free Trade Zone)

보세구는 중국 중앙정부 국무원의 비준하에 설립되고 해관의 감독, 관리하에 운영되는 특수 구역으로 중국에서 자유무역을 할 수 있는 경제 구역이다. 1990년 중국 국무원의 비준하에 상하이 와이가오챠오(上海外高橋), 티엔진(天津) 보세구가 최초로 설립되어 현재는 15개 보세구가 운영 중에 있다.

보세구 소재지는 상하이(上海), 티엔진(天津), 다롄(大連), 칭다오(靑島), 장지아강(張家港), 닝보(寧波), 푸저우(福州), 샤먼(廈門), 광저우(廣州), 하이코우(海口), 션전 사토우지아오(深圳沙頭角), 푸티엔(深圳福田), 옌티엔(鹽田), 샨토우(汕頭), 주하이(珠海) 등이다.

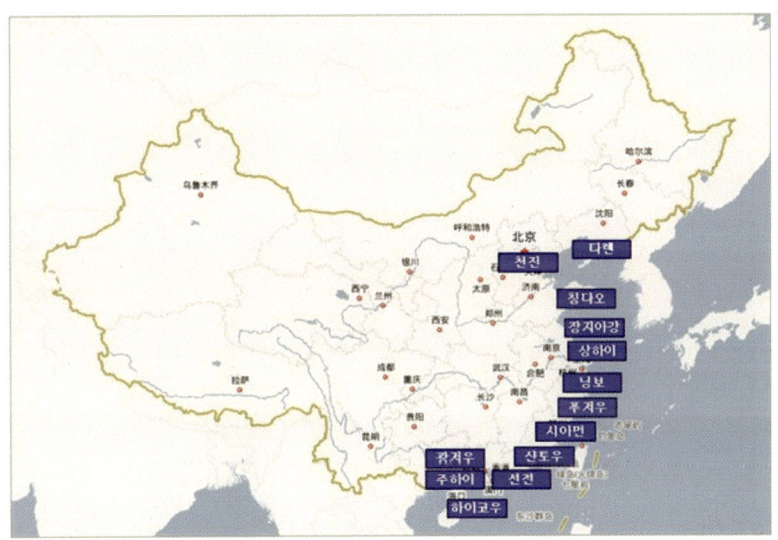

보세구는 일반적으로 무역환경이 양호하고 경제기술이 비교적 발달한 항구지역에 설치하여 기타 지역과 상이한 특혜와 특수정책을 실시하

고 있다. 중국의 보세구는 다른 나라에서 실시되고 있는 '자유항', '자유무역지대', '수출가공지역' 등과 경제적 효능이 유사하며, 주요한 공통점은 관세면제와 자유수출입의 2가지이다.

① 관세 면제

국내외 수출입 업체의 보세구역 내에서의 무역과 가공 생산을 촉진하기 위해 해외에서 수입되는 보세구 수입 화물과 보세구에서 해외로 수출되는 수출 화물에 대해서는 수출입 관세를 면제한다.

② 자유 수출입

보세구에서 수출입되는 화물은 해관의 일상적인 감시 관리 방법을 적용하지 아니한다. 즉 수출입 화물에 대한 국가 관리 규정과 정상적인 해관 수출입 통관 절차를 적용하지 아니하며, 대폭 간소화된 수출입 통관 절차 및 해관 관리 방법을 적용한다.

보세구에는 각종 특혜가 주어지는데, 이를 관세, 수출입 허가, 기타로 분류하여 살펴볼 수 있다.

■ 관세

① 보세구 내 기초 시설 건설을 위해 수입하는 기계, 설비는 관세 및 부가가치세를 면제한다.

② 보세구 내 기업이 자가 사용 목적으로 수입하는 생산 관리 설비, 건축 재료 생산용 연료 및 설비에 소요되는 부품에 대해서는 별도로 징세하도록 규정한 경우 외에는 관세 및 부가가치세를 면제한다.

③ 보세구 내 기업이 수출 물품 생산을 위해 수입하는 원재료, 부품,

포장 용기 및 포장 재료에 대해서는 관세 및 부가가치세를 면제한다.

④ 보세구 내 기업이 가공 생산한 수출 제품 또는 재수출 화물에 대해서는 수출 관세 대상 품목인 경우에도 수출 관세를 면세한다.

참고로 현재 중국은 광산물 등 주요 자원성 물품 30종에 대해 20~30%의 수출관세를 부과하고 있다.

⑤ 보세구 내 수출 가공에 종사하는 생산성 외국 투자 기업에 대해서는 기업 소득세를 반감(30% ⇒ 15%)한다.

■ 수출입 허가 절차 면제

① 해외에서 수입하는 보세구내 사용 기계 설비, 기초 건설 물자 등에 대해서는 수입 허가 절차를 면제한다.

② 보세구 내 가공 수출 제품 생산에 소요되는 원재료 및 보세구내 보관 후 재수출되는 물품에 대해서는 수입 허가 절차를 면제한다.

③ 보세구 내 가공 제품의 수출시 수출 허가 절차를 면제한다.

■ 기타 특혜

① 보세구 내 외국 기업은 무역 회사를 설립할 수 있으며, 보세구 내 기업의 대외 수출입 업무 대행, 중계 무역 등이 수행 가능하다.

② 보세구 내 수출입 업무 종사 외국 기업은 보세구 내에서 간단한 가공 행위가 가능하다.

③ 보세구 내 보세 창고에 보관된 중계 물품은 해관의 동의를 받아 보세 창고 내에서 분류, 선별, 표지 부착 및 인쇄, 포장의 개장 및 교환 등 간단한 가공 정리가 가능하나, 실질성 가공 행위는 불가하다.

④ 보세구 내외 간의 화물 이동은 수출입으로 간주한다.

강화된 물류 기능, 보세물류원구(Bonded Logistics Park)

중국은 현재 국제 무역 자유화가 이미 넓은 지역에 상당한 정도로 이루어졌고, 각 지역 정부에서 유사한 특혜와 지원을 하는 대외 개방 제도가 늘어나 보세구의 장점이 약화되고 있다.

기존 보세구에 물류 기능이 특화한 새로운 발전 모델이 '보세물류원구'인데, 2004년 상하이 와이가오챠오 보세구 내 최초로 설립된 이래, 현재 15개 보세구 중 8개 보세구가 보세물류원구를 운영하고 있다.

보세물류원구는 보세구에 비해 증치세 환급, 통관수속, 기능, 정책, 외환 등 많은 장점이 있다.

■ 보세물류원구의 장점

① 증치세 환급과 통관수속에 많은 편이가 제공되어 타 보세지역에 비해 특히 유리하다.

② 수출 증치세 환급이 보세물류원구 내 반입 즉시 가능하여 자금 유통 주기를 단축시킨다.

③ 증치세 환급을 위한 수출, 재수입으로 인한 불필요한 물류비용을 절감하고 시간을 단축시킨다.

④ 중계무역일 경우 통관수속이 필요 없고 보세불류원구 내 보관하는 기간 제한이 없다.

⑤ 보세물류원구 내에서 화물을 자유로 유통할 수 있으며 이 경우 부

가세 및 소비세가 면제된다.

　중국 정부는 현재 운영 중인 8대 주요 보세물류원구 중 2~3개를 향후 10여 년간 집중적으로 발전시켜 선진국 수준의 '국제항구중심', '국제물류중심', '국제박람회 중심'으로 건설하는 것을 목표로 하고 있다.

　보세물류원구 소재지는 상하이(上海), 티엔진(天津), 다롄(大連), 칭다오(靑島), 장지아강(張家港), 닝보(寧波), 샤먼(廈門), 선전 옌티엔(鹽田) 등 8곳이다.

보급형 보세지역, 보세물류중심(Bonded Logistics Center)

　수출입 화물 및 통관 전 화물의 보관, 보관 화물의 유통성 간이 가공 등 부가가치 증대 업무, 수출입 무역, 국제 구매, 배송, 검사, 수리, 상품

전시 등 기능을 수행할 수 있다. 그러나 보세구나 보세물류원구에 비해 그 허가 절차가 비교적 용이하여 이미 전국에 30여 곳이 지정되었다.

■ 보세물류중심 구분

보세물류중심은 A형과 B형으로 나눌 수 있고, A형은 다시 경영 주체에 따라 공용형과 자가용으로 구분된다.

– 공용형(公用型): 창고 및 물류 경영 전문 업체가 그 서비스를 이용하고자 하는 기업들을 대상으로 운영한다.

– 자가형(自用型): 해당 기업 혹은 자회사가 자체 물류 및 창고 수요를 위해 운영한다.

A형이 운영자 자신이 물류 업무를 수행하는 데 비해, B형은 단지 물류 업무를 수행할 장소만 제공할 뿐 직접적인 물류 업무를 수행할 수 없다.

〈보세물류원구와 보세물류중심의 차이〉

	보세물류원구	보세물류중심
위치	보세구 내	지리적 제한 없음
허가	국무원 승인	해관총서(海關總署) 승인
종류	–	A형, B형

보세물류중심은 쟝인(江陰), 광저우 공항(广州空港), 난징(南京), 난닝(南宁), 난창(南昌), 단둥(丹東), 동관(東莞), 우한(武漢), 베이징 공항(北京空港), 상하이(上海), 산시(山西), 시안(西安), 청두(成都), 수저우(蘇州), 선양(沈陽), 션전 공항(深圳空港), 르자오(日照), 롄윈강(連云港), 잉코우(營口), 닝보(宁波), 창사(長沙), 중산(中山), 티엔진(天津), 칭다오(靑島), 즈보(淄博), 타이창(太倉), 허난(河南), 샤먼(厦門), 항저우(杭州), 항저우

공항(杭州空港) 등 30곳에 소재하고 있다.

항구와 결합한, 보세항(Bonded Port Area)

상하이의 양산항(洋山港)이 완공되며 성립된 최신 개념이다. 대외 개항지 구역 내에 국무원의 승인을 받아 설립되며, 통상항, 물류, 가공 등 형식상 보세구와 같다. 그러나 보세구에 비해 보세항은, 화물 보관 시한이 없는 점, 제품 수리 기능에 대한 명확한 규정 및 해관 사무 처리 시한 규정 강화 등 제도적인 지원이 강화되었다. 즉 보세구와 보세물류원구 및 수출 가공구의 각종 특혜 정책을 결합한 보세 지역인 것이다.

보세항은 충칭(重慶兩路寸灘), 상하이(上海洋山), 다롄(大連大窯湾), 샤먼항(廈門海滄), 톈진(天津東疆), 하이난(海南洋浦), 닝보(寧波梅山), 친저우(廣西欽州) 등 8곳에 설립되어 있다.

내륙 개발의 선두 주자, 종합보세구(Intefraged Bonded Zone)

내륙 지역에 국무원의 승인을 받아 설립되는 신개념의 보세 지역이다. 보세항과 함께 현재 중국 내 각종 특수 개방 지역 중 대외 개방 정도, 기능 및 특혜의 정도가 가장 높은 보세 지역이다.

즉 물류 기능과 정책은 보세 물류 원구를, 제품 가공, 외환 편의 등 관련 특혜는 보세구 수준의 지원을 하고 있으며, 설립 지역은 보세항이 주로 항구와 함께 위치하는 반면에 종합 보세구는 내륙 개발을 염두에 두고 설립되고 있어 항구뿐만 아니라 내륙 지역의 공항으로도 확산되고 있다.

  종합 보세구는 장쑤 쿤산(江蘇昆山), 광시 핑샹(廣西凭祥), 광저우 바이윈 공항(廣州白雲机場), 베이징 티엔주(北京天竹), 산동 웨이팡(潍坊), 상하이 푸둥 공항(上海浦東机場), 샨시 시안(陝西西安), 청두 까오신(成都高新), 수저우 까오신 기술산업 개발구(蘇州高新技術産業開發區), 수저우 공업원(蘇州工業園), 충칭 시융(重慶西永), 티엔진 빈하이신구(天津濱海新區), 허난 신정(河南新鄭), 헤이룽쟝 쉐이펀허(黑龍江綏芬河), 신장 아라샨코우(新疆阿拉山口), 하이난 하이코우(海南海口) 등 16곳에 설립되어 있다.

Part Ⅳ

중국 물류의 도전과 미래

지금까지 우리는 중국 관련 일반 현황과 더불어 중국에서 현재까지 일어난 경제발전 상황 및 물류 관련 인프라, 중국 물류의 특징에 대하여 살펴보며 중국 일반 및 중국 물류 일반에 대한 내용을 이해했다.

본 장에서는 향후 중국 정부의 성장 전략 변화 및 정책 추진 방향에 대하여 좀 더 이해하고 그에 따른 중국 물류 발전 방향에 대한 예상을 통해 미래를 대비할 수 있는 초석을 만들고자 한다.

제1장

중국 성장 전략의 변화

　서두에 언급했다시피 중국은 경제 규모에서 약 10여 년이면 미국을 제치고 세계 최대 경제대국이 될 수 있다는 전망이 나오고 있다. 그러나 다른 한편에서는 지속적인 경제발전과 명실상부한 대국으로서의 지위를 유지하기 위해서는 여러 가지 국가발전 요소가 복합적으로 뒷받침되어야 한다는 주장으로 이전 러시아와 일본같이 미국을 단시간 내에 뛰어넘기 힘들다는 전망이 교차하고 있는 상황이다.

　이에 우리는 중국의 정책적 전략 변화의 흐름과 방향을 되짚어 보면서 어떤 주장들이 좀 더 실현 가능성이 있는지에 대하여 생각해 보고, 가능한 한 객관적인 현상과 사실을 통하여 최대한 근접한 변화 예상 방향을 추론하고자 한다.

과거로부터 현재까지의 성장 전략

　큰 그림에서의 전략 변화를 예측해 보기 위해서는 정치적 상황 변화와 그에 대한 전략 변화, 성과를 뒤돌아보는 과정이 필요하다. 과거 최고 지도자였던 마오쩌둥, 덩샤오핑, 장쩌민, 현 최고 지도자인 후진타오, 그리고 차세대 주석으로 지명받고 있는 시진핑에 이르기까지 각 시대별 정책 추진 방향과 결과, 현재 진행형 정책의 추진 방향과 결과를 통하여 차세대 지도자의 새로운 정책 변화를 이해하고 그에 따른 경제 사회 변화를 확인하여 향후 지속될 각종 산업 인프라, 경제 인프라, 물류 인프라의 변화 발전 방향에 대한 예측이 필요하다.

중국 해방 이후 마오쩌둥 재임 기간은 경제발전보다는 정치적 변화의 시기로 보아야 하므로 경제발전과 인프라 발전에 큰 변화를 일으킬 만한 특별한 전략을 제시하기는 어려울 것으로 판단된다.

경제 구조 또한 국영 기업 주도하의 일괄 구매, 일괄 배급 등 공산주의 전형의 모델로 경제 구조 정책이 추진되었기 때문에 경제발전에 색깔을 특징적으로 기술하기는 어려울 것으로 보인다.

마오쩌둥 이후 덩샤오핑이 최고 권력자로 등극하면서 흑묘백묘 이론을 바탕으로 성장 위주의 경제 정책 추진 및 경제 개방을 가속화하여 자본축적과 큰 폭의 경제성장률을 동시에 추구하였다.

1970년대 이후 착수한 경제 개혁을 통하여 공동 소유 제도의 불합리성을 일부 개별 소유 구조로 변경하면서 공산주의의 단점을 극복하려 하였다. 이후 개인소유 경영의 출현과 각종 경제 단체 등이 구성되면서 자본주의 경제 형태를 보이는 시발점이 되었다. 이에 따라 중앙 국가의 일방적 통보 위주의 경제 통제에서 일부 의사결정권을 지방정부 및 기업 소유자에게 할당하게 되었다. 중앙정부는 지방정부 및 기업인들이 따라올 수 있는 큰 틀의 정책과 계획을 제시하여 경제 활동 주체가 기업 활동에 함에 있어 다양한 의사 결정 방법을 적용할 수 있게 하고 기업 운영의 유연성을 가지고 중앙정부의 정책과 계획의 공동 목표를 달성할 수 있도록 유도하는 모습으로 구조 변화가 되었다.

이후 개인과 기업의 이익을 보장함으로 해서 좀 더 자유로운 경제활동과 이익추구를 위한 적극적 기업활동을 할 수 있도록 하였고, 적극적 기업활동은 경제발전에 한층 더 탄력을 주는 원동력이 되었다.

또한 정책 구조적 변화와 더불어 화남지역 선전, 주하이 등에 경제 특구를 지정하여 실제적 실무적으로 대외 개방정책을 추진할 수 있는 도구를 마련하였으며, 국제기구에도 정식 가입함으로써 경제발전을 위한 기초적 틀을 마련함과 동시에 만방에 중국 정부의 개혁, 개방, 경제발전 의지를 직간접으로 선포하고 실행하였다.

본격적인 경제 개혁/발전 정책이 추진된 이후 약 10년이 지난 1990년대 장쩌민 시대가 도래하면서 중국 경제발전 정책은 도시 발전과 더불어 농촌 경제의 공동 발전, 사회 산업 인프라 확장, 중국 산업의 국제 경쟁력 강화 및 산업 다변화 등의 핵심 정책 아래 공동 확장 발전을 추진하게 된다.

이때부터 대내적으로는 과도한 경제성장 발전 정책으로부터 수반된 문제점을 해결함과 동시에 대외적으로는 아시아 금융위기를 극복하기 위해 적정한 경제성장률과 더불어 안정적 경제성장을 공표하게 된다.

2000년대에 들어 후진타오 집권체제로 넘어가면서의 정책 특징은 현재까지 지속적으로 추진해 온 경제성장, 경제 체질 개선과 더불어 서부 대개발 추진 전략이 추가된 내용이다.

현재까지의 경제발전과 도시화는 연안지역 화북 베이징/티엔진 중심, 화동 상하이 중심, 화남 홍콩/션전/광저우 핵심 지역과 더불어 기타 연안지역에 한정되어 있고 이러한 연안지역 집중 발전은 중국 내륙과의 빈부 격차를 더욱 심화시키는 폐단을 낳았다. 이에 서부대개발이라는 전략 목표로 내륙지역 개발을 통한 빈부격차를 축소하고, 전 중국의 균형 있는 발전을 추진할 계획이다.

지속 성장에 대한 도전

덩샤오핑 시대부터 본격적으로 추진된 경제 개혁과 발전으로 인하여 30년이 지난 현재 중국의 글로벌 위상은 어떤 나라도 무시할 수 없을 만큼 커져 있는 상황이다. 대부분의 사람이 그 발전 속도와 결과에 놀라움과 경이로움을 금하지 못하며, 천지개벽이라 언급할 수 있을 만큼의 눈부신 과업을 달성하였다.

이제는 러시아 이후 유일하게 미국을 견제할 수 있는 국가의 위치에 있으며 호시탐탐 미국을 능가하여 명실상부한 초일류 강대국을 지향하고 있다. 그러나 짧은 기간 동안의 빠른 성장은 문제점을 동반하였고 그 문제점을 어떻게 해결하느냐가 진정한 초일류 국가로의 진입을 결정지을 수 있는 중요한 요인이 될 것이다.

중국의 과도한 성장 위주 정책으로 인한 여러 가지 문제점 중 미국 및 중국과의 교역 관계에서 적자를 내고 있는 여러 국가들과 국제적인 환율분쟁이 있다. 또한 중국 노동시장의 임금 상승, 부동산 과열로 인한 지가 및 주택 가격 상승, 인플레이션으로 인한 비용 증가, 국영기업 및 지방정부 재정부실, 노동자의 권익향상을 위한 노동쟁의, 각종 사회보장제도의 확충에 따른 기업 부담, 에너지 및 환경문제, 도시화 심화, 지역 간, 계층 간 빈부차이, 소수민족 분쟁 등 여러 가지 변수가 도사리고 있다.

필자가 그중 가장 관심을 갖고 조심스러운 접근이 필요하다고 생각하는 문제는 바로 중국 노동시장 변화와 민족 분쟁으로 손꼽을 수 있겠다.

도전의 중심 노동자 봉기

중국의 산업 및 경제에 영향을 미칠 수 있는 여러 가지 요건 중에 현재 당면하고 있는 문제점 위주로 기술을 하자면 그 첫 번째로는 노동시장 불안정이 되지 않을까 생각한다. 노동시장 문제는 사회주의 사회에서 자본주의 사회로 변화하는 과정에서 가장 크게 나타나는 혼돈으로 부각되고 있다.

중국 노동시장에서의 임금은 몇 년 전까지만 해도 저비용 생산의 이점을 가지고 있어 많은 글로벌 기업들이 중국에 투자하고, 그 투자는 경제성장률 상승 및 유지에 지대한 공헌을 해 왔다. 그러나 최근의 임금상승은 생산비 상승과 더불어 중국 생산품의 가격 경쟁력 약화, 중국발 세계 인플레이션 등 연쇄 반응을 일으켜 기업 운영에 위험요소로 작용하고 있다. 이와 더불어 노동자의 세대변화, 인식변화 등은 노동자의 권익 향상을 위한 노동쟁의로 연결되어 기업 활동에 심각한 위협을 가하고 있다.

노동시장 변화의 시점은 1980년대 중국 경제의 개혁/개방과 함께 시작되었다고 볼 수 있는데 그 시발점을 보면 경제개혁/개방 이전의 중국 사회는 국가와 국영 기업이 주도하는 폐쇄적 경제 구조에서 개혁/개방과 동시에 자본주의 정책의 도입으로 인한 급격한 변화로 인하여 국영 기업의 구조조정이 시행되며 많은 노동자들이 이전에 경험하지 못한 피해를 입게 되었다.

더욱이 덩샤오핑 집권이 시작되면서 국가 정책이 우리나라의 새마을 운동과 같이 국가와 국민의 부를 축적하는 데 1차적인 목표를 두고 정책을 펼치면서 도시/농촌 간, 노/사 간 빈부격차가 대폭적으로 벌어지게 되었다.

덩샤오핑 시대가 지나고 장쩌민 집권 시기에는 더욱더 강하고 부유한 국가 건설을 위해 사회주의 관점에서 자본주의의 폐해를 해결하기보다는 더욱 강력한 경제성장 발전을 이룩하고자 모든 정책을 성장 발전에 두고 추진하였다.

이 시기 경제정책은 오직 국가의 경제성장에만 초점이 맞추어져 있어 일반적으로 신흥 개발국에서 나타나는 폐단인 정경유착과 관료들의 부패가 만연하였고, 그리하여 출신, 가정, 지역, 직업별로 소득의 큰 차이가 벌어지기 시작했다.

이러한 사회 환경을 반영하여 노동자들에게는 금전적 가치를 최우선으로 생각하는 사상이 자리 잡게 되었고, 기득권을 선점하지 못한 빈곤한 노동자의 문제점은 관심 밖으로 밀려남으로 해서 노동자의 불만은 더욱더 증가하였으나 강력한 공권력을 이용한 중국 정부의 통제 정책으로 인하여 겉으로 불만 표출은 안 되었지만 속으로 곪아 가는 현상을 나타나게 된다.

강력한 통제정책과 더불어 장쩌민 집권 시대까지는 노동자의 빈곤 탈출에 대한 의지로 노동자 또한 부 축적에 대한 강한 의지가 있었고 그와 함께 국가 정책은 성장 위주 경제발전 정책을 추진하였으며, 노동자들은 노동자의 권익에 대한 개념이 없었기 때문에 큰 노동 분쟁 없이 경제 개혁/발전 정책을 추진할 수 있었다.

2000년대 들어서면서부터 균형발전, 안정성장, 분배의 정책이 수면 위로 부상하며 노동자의 권익 보호, 노동문제 해결에 대한 관심이 조금씩 수면 위로 표출되었으나 그럼에도 불구하고 장기간의 불균형은 경제성장 발전이라는 정책과 상반되며 단시간에 해결되기 어려운 사회문제가 되었다.

노동문제가 사회문제로 발전하기에 앞서서는 노동자 권익에 대한 정형화된 개념이 없어 고용자가 원하는 노동자를 비교적 저렴한 임금으로 지속 고용 가능하였고, 고용의 주도권을 고용자가 가진 고용자 상위 노동시장이었다. 그러나 2000년대 홍콩 반환 및 베이징올림픽 등 큰 국가적 이벤트를 거치면서 외부사회와의 더 많은 교류와 경제 고도 발전으로 인하여 노동시장에 큰 변화가 일어나기 시작했다.

더불어 이 시기에 기업의 경제적 성장은 많은 노동자들을 필요로 하게 되었으며, 기업들은 노동자 확보를 위해 임금 및 처우개선을 제시하며 기업 간 노동자의 잦은 이동을 유발하기 시작하였다. 노동력 부족은 성격이 다른 타 업종 간에도 노동자 이동이 일어나게 만드는 이유로 자리 잡기 시작했는데, 예를 들면 섬유, 의류, 신발 등 단순 노동 업종에서 일하던 노동자들은 생산 환경이 좋은 전자, 자동차 등 첨단 업종으로 이동을 시작하였고, 신생기업들은 숙련된 노동자들을 비교적 높은 임금으로 불러들여 경제적 원인에 의한 노동자들의 이동이 이루어지게 만들었다.

노동시장의 환경 변화는 기업군별로 노동자 수급에 문제를 야기하는데, 단순 노동을 필요로 하는 산업은 염가의 숙련공을 필요로 했으나 이러한 숙련공들은 더 임금이 높고 작업환경이 좋으며 남들에게 좋은 직장으로 보이는 직장으로 이동을 원하고 있었다. 기업들은 과당경쟁으로 인해 높은 임금과 복지제도의 부담이 있는 만큼 생산성 및 작업효율을 높이기 위해 노동자들에게 과중한 업무를 강요하게 되었다.

또한, 수출을 위주로 하는 기업의 경우 인민폐의 평가절상에 따라 모든 생산 경비가 증가함에 따라 굳이 중국의 내수시장을 목적으로 하지 않는 경우 제3국으로의 생산공장 이전을 검토하게 되었다.

그러나 중국 내수시장에 회사의 미래성장의 동력을 두는 경우는 가능한 한 경쟁력을 획득하여 중국 시장에서 생존하기 위해 원가절감 운동을 진행하게 되었다. 이때부터 좋은 환경에서 높은 임금과 회사복지를 원하는 노동자들과 가능하면 인건비를 줄이며 생산효율을 높여야 하는 기업 간에 마찰이 일어나게 되고, 노동자의 입장에 서야 하는 중국 정부와의 관계가 서로 복잡하게 엉키게 되는 현상이 일어나면서 중국 노동시장은 새로운 산업 단계로의 진입에 대비한 변화가 일어났는데, 노동자들의 단체행동도 그 일환으로 볼 수 있다.

이러한 문제들을 계기로 노동시장은 노동자가 원하는 직장을 선택할 수 있는 노동자 위주의 시장으로 전환되는 사회적 변화가 일어나기 시작되었고, 인력 채용의 어려움과 잦은 이직으로 인한 인력 관리 어려움이 기업 운영에 어려운 문제로 대두되었다.

노동시장의 수요/공급의 법칙에 의한 시장 변화는 중국 정부의 정치적 상황과도 연계되어 기업에 부담을 주게 되었다. 국가의 경제적 발전이나 외자기업, 국내기업의 안정적 발전도 중요하지만, 민심 안정을 정치의 주요 목표로 하는 중국 정부에게 있어서 사회적 통제와 노동자들의 기본권 보장이 더욱 중요한 부담 요인이다. 그러한 점에서 중국 정부의 입장에서는 노동자들을 과거와 같은 방식으로 압박하기에는 중국이 이미 너무 많이 자본주의화되어 있다는 것을 간과할 수 없게 되었다. 그러나 중국 정부는 아직도 많은 부분에 있어 사회주의적인 요소가 남아 있기 때문에 앞으로 중국에서의 노동시장은 기업의 입장보다는 노동자의 입장을 보호하는 정책 방향으로 진행될 가능성이 큰 상황이다.

중국 경제 개혁·개방 정책 이후 30년이 지난 현재는 노동자의 세대교체가 이루어지고 있고 최근 중국의 젊은 세대들은 1980년대 노동인력의 사고방식과는 전혀 다른 모습을 보이고 있다.

현재의 젊은 신세대 농민공과 반대로 개혁개방 시기의 1세대 농민공들은 열악한 노동조건과 저임금에 대한 상대적 박탈감이 적었고 도시에 적응이 안 되는 경우는 고향으로 귀향하여 다시 농촌 생활에서 삶을 영위할 수 있었다. 그러나 1970, 80년대 이후 태어난 신세대 농민공들은 많은 수가 중등 수준 이상의 교육을 받았고 농사를 지은 경험이 많지 않다. 그래서 자신들이 뿌리를 내리고 살아갈 고향에 대한 애착이 1세대 농민공보다 강하지 않고, 반대로 현재 살고 있는 곳을 앞으로도 살아가야 할 삶의 터전으로 인식하고 있기 때문에 현재 있는 공장의 임금 및 처우개선 등 노동조건을 바꾸는 데 훨씬 적극적인 모습을 보인다.

지금까지의 경제발전으로 도출된 도시화된 생활과 인플레이션에 대한 반영이 이루어지지 않은 낮은 임금과 열악한 작업 환경에 대하여 이전 세대와는 다른 시각으로 접근하여 그에 대한 불만을 조직적·계획적으로 표출하고 있는 상황이다. 현재까지는 대부분 주강 삼각주 일대의 광둥성, 장강일대의 장쑤성, 저장성 등에서 중국기업 및 외자기업에서 일하는 노동자들이 집단행동을 통해 임금인상 및 처우개선을 요청하고 있으나, 일부 기타 지역에서도 산발적인 집단행동이 나타나고 있다.

이러한 젊은 세대들의 의식 변화는 TV 보급과 인터넷의 확산이 큰 요인이 됐다고 볼 수 있다. TV, 인터넷을 통한 정보 공유의 일반화는 도시/농촌 간 경제적 차이를 알게 하였다. 빈부 차이로 인한 상대적 박탈감과 빈곤감은 경제적 차이를 극복하고자 하는 의지로 발전되어 산업단지나 대도시 등으로의 노동자 유입을 촉발하였다. 이렇듯 정보통신 발달로 인한 세대 간 빠른 정보 공유로 인하여 조직적 노동분쟁의 위험은 더욱 높아지고 통제력은 더욱더 낮아지는 상황이다.

중국의 신세대 젊은 노동자들은 발전된 사회경제 상황에서 기존의 임금인상과 처우 개선을 지속적으로 요구하고 있으며, 중국 정부는 노동자의 급격한 동요나 노동시장 불안정을 막기 위해 관련 법규를 수정하여 노동자들의 입장을 직간접적으로 지지하고 있는 상황이다.

노동시장의 불안정성은 비단 극심한 빈부 격차가 나는 흔히 말하는 부자와 가난한 자에 대한 비교가 아닌 노동시장 안에서의 빈부 격차도 문제가 되고 있다.

예를 들어 도시화된 지역에서 고등교육을 받고 부모의 보호 아래 부족함이 없는 노동자들은 생활 여건에 따라 자기계발 및 상속으로 비교적 박탈감에서는 자유롭다고 할 수 있으나 노동자의 대부분을 차지하고 있는 생산현장 노동자의 경우는 체감으로 느끼는 도시화, 인플레이션으로 인하여 임금 상승에 대한 갈망이 더욱 강하며 그런 갈망들이 집단행동으로 연결될 수 있는 여지를 갖고 있고, 현재 중국에서 집단행동을 보이는 계층이 이러한 생산현장에서 단순 작업을 하는 노동자들이라 볼 수 있다.

고임금을 수반한 불안한 노동시장의 구조는 지금까지 중국 경제성장의 원동력이었던 저렴한 노동비에서 파생되는 경쟁력에 많은 변화를 예고하고 있다. 기업들은 노동분쟁을 막으려는 노력으로 임금인상 및 처우개선을 실시함에 따라 기업 경영에 많은 부담을 받고 있고, 경우에 따라 생산공장 이전이라는 극단적 대책까지 검토하고 있다.

특히 외자기업의 경우는 인근 동남아 국가인 베트남, 미얀마, 인도네시아, 필리핀 등으로의 이전을 적극적으로 검토하고 있는 상황이다.

그러나 외국 기업의 공장이전은 고용시장의 불안정으로 연결될 수 있다. 이러한 현상의 파급 효과는 노동자들의 정부에 대한 불만으로 발전할 수 있기 때문에 정부는 외자기업이 중국에서 꾸준히 생산 및 영업을 하면서 노동자들에게 적절하게 임금인상을 할 수 있는 타협점을 찾기 위해 노력하고 있다. 중국 정부는 한편으로는 노동법 개정을 통한 노동자 권익 보호 정책을 펴고 있으나 한편으로는 노동자의 집단행동이 과도하게 과격해지거나 노조의 영향력이 기업주의 사업 의지를 포기하게 만들고, 과다한 임금인상으로 외자기업이 스스로 사업 철수를 결정하는 선까지 도달하지 않게 하기 위해 노동자 권익 향상과 적절한 공권력 투입 등 통제 정책을 겸하고 있다.

그럼에도 불구하고 과거 노동력 공급과잉 중국 노동시장에서 고용자가 강자의 위치에 있었던 관계로 노동자의 권익 침해가 광범위하게 발생했고, 노동쟁의 건수도 매년 증가하여 사회불안정의 주요 요인이 되어 왔기 때문에 기본적 정책이나 큰 추진방향은 노동자의 권익 개선에 두고 있다.

중국의 신노동계약법은 노동자의 권익 침해 방지에 초점이 맞추어져 있고, 2007년 제정된 노동법은 노동자의 권익 보호 측면이 많이 강조된 것이다. 이는 중국 정부의 노동자 보호정책과 산업 장려정책이 이제는 서로 조화를 맞추어 산업구조도 변화시키고 노동자의 권익도 보호되는 시대로 접어들고 있음을 의미하고 있다.

언제 터질지 모르는 시한폭탄, 소수 민족 분규

노동시장 불안과 함께 또 하나의 시한폭탄의 뇌관으로 변할 수 있는 문제가 중국의 민족 간 분쟁이다. 한 지역 안의 민족 간 분쟁은 지속적 적대관계를 유발하여 단시간 치유되기 힘든 상처를 서로 간에 남기게 되는데, 중국 신장 위구르 자치구의 수도 우루무치에서 터진 유혈사태를 보더라도 중국의 주 민족인 한족과 소수민족과의 관계가 심상치 않게 변하고 있는 것을 알 수 있다.

최근의 한족과 위구르족 간의 민족 간 분쟁은 이전 중국 정부가 위구르족 시위를 강경 진압한 것과 사태의 발단이 다른 상황이며, 특히 최근 유혈 사태가 주목을 받는 이유는 소수민족이 한족 및 중국공산당에 반기를 든 점이다. 더욱이 우루무치 유혈 사태는 한족과 소수민족 간 민족 갈등이 한 지역 또는 한 민족 간의 분쟁 양상보다는 확대, 전면화 가능성이 있으며, 우루무치 위구르족 시위 사태는 한족의 보복 시위로 인해 민족 간 보복이라는 새로운 국면에 직면하게 되었다.

위구르족은 다른 어떤 민족보다 분규가 활발히 진행되고 있는 민족인데 그 첫 번째 이유는 인종적·종교적·언어적으로 한족과는 뚜렷한 차이를 보이고 있다는 것이다. 종교적으로 위구르인들은 무슬림이고, 인종적으로는 터키-이란계, 언어적으로는 터키어의 일종인 위구르어를 사용하고 있다.

두 번째 이유는 중국 성립 시 동투르키스탄이라는 독립국을 세웠던 경험이 있고, 중국에 귀속되면서 유혈 충돌을 하였기 때문에 다른 어떤 민족보다도 중국과의 분리의식이 강하다.

세 번째, 한족의 이주 정책 또한 다른 지역보다 상대적으로 늦게 시작하였고, 게다가 유전의 발견으로 인한 군인 중심의 이주로 인하여 위구르 촌락과는 분리된 고립적인 이주가 가속화되면서 기존에 다른 소수민족 주거지역에 적용되었던 이주 정책의 목적을 수행하기 힘들었다.

중국의 이주 정책의 얘기가 나와서 좀 더 설명을 하면, 중국에는 55개 소수민족이 한족과 함께 살고 있고, 중국 공산당에 의하면 소수민족 비율은 중국 전체 인구의 약 8%를 차지하고 있다고 한다. 중국이 그동안 추진해 온 소수민족 정책 중 하나는 한족을 소수민족이 거주하는 지역에 이주시켜 지역 통제력을 강화하고 한족과 동화시키는 민족 이주 정책이었다.

그러나 이 정책은 민족 간 갈등을 더 첨예하게 만들었다는 의견도 있다. 홍콩명보는 대만문화대학 린관췬 교수의 분석을 인용, "민족이주정책이 구원의 불씨를 불타게 했다"라고 분석했고, 그의 분석에 따르면 신장의 한족은 1940년만 해도 4%에 지나지 않았으나 중국군이 신장에 발을 디딘 후 늘어난 한족은 위구르족보다 많아져 현재 한족은 신장 지역의 정치/경제의 주도 세력으로 확장되어 있는 상태이다. 이런 상황에서 위구르족의 불만은 차츰 더 커져만 가고 있고 외형적으로는 위구르족이 중국 정부 및 한족 사회에 의해 통제되고 있는 것처럼 보이지만 지속적인 반대시위 및 유혈 사태가 발생하고 있고 향후에도 지속적으로 발생할 가능성이 농후하다.

위구르족과 한족 간 분쟁 이외 중국 정부는 추가로 민족분쟁의 가능성이 있는 지역을 티베트, 네이멍구, 동북 3성이라고 판단하고 있다. 그중 티베트문제는 비단 중국 내 한족과 소수민족 간의 민족분쟁이라는 문제점과 더불어 국제 사회에서 주목하고 있는 중국의 소수민족 정책, 인권문제와 결부된 큰 관심사로 주목받고 있다는 점에서 소수민족과의 민족 분쟁에서 가장 핵심적이라고 볼 수 있다.

국제적으로 티베트는 중국의 인권 수준과 민족정책 반영 과정을 설명하고 있고, 많은 국가들이 이에 주시하고 있다. 특히, 티베트의 달라이라마 망명과 달라이라마의 노벨 평화상 수상, 티베트 인권문제로 인한 미국과의 의견충돌 등은 지속적인 국제적 관심을 이끌어 내어 중국의 민족 정책을 예의 주시하게 만들어 주고 있다. 그러나 중국 정부 또한 일관된 의지와 중국과의 경제적 이득관계를 이용하여 문제를 해결하려는 지속적 노력으로 티베트를 국제적 관심 밖으로 몰고 있다.

동북지역이 민족분쟁 가능 지역으로 꼽힌 것은 한반도의 통일 가정시 동북지역의 변화 때문이며, 중국 정부가 한반도의 통일을 방해하는 이유 중의 하나도 바로 한반도 통일의 영향력 때문이다. 동북 3성은 한반도와 관습, 역사, 언어적 유대감을 갖고 있어 통일되면 그 파급 효과가 크게 나타날 것으로 보고 있다.

특이한 점은 다른 소수민족과의 분쟁은 정치적 · 경제적인 이유에서의 분쟁과 강경 진압이 이루어지고 있으나 동북 3성의 경우 민족적 · 종교적 · 경제적 · 정치적 이질감과는 거리가 멀어 한족 이주정책을 통한 문화적 통합으로 위험 감소 및 지역 와해를 추진하고 있다.

우리는 일반적으로 소수민족분쟁이 최근의 경제발전에 대한 소수민족의 소외와 정치 · 경제 주도권의 상실로 기인한 문제로 알고 있으나, 그 내용을 좀 더 자세히 보면 쉽게 해결하기 힘든 문제라는 것을 쉽게 이해할 수 있다.

2011년 발생한 몽골에서의 시위는 한족기사가 환경운동을 하는 몽골족을 교통사고로 숨지게 하여 발생한 것으로 단순 보도되었으나 그 시위는 정치적 · 경제적 배경을 내포하고 있다.

정치적으로 몽골족 문제는 마오쩌둥 집권시기로까지 거슬러 올라간다. 소수민족 와해를 위해 몽골의 인위적 내부 분열 조장과 더불어 민족 탄압을 통한 세력 약화 등을 추진하였는데 특히 여러 사건을 조작하여 몽골족을 처형하였다.

경제적으로는 현재 진행되고 있는 자원 채취로 인해 농경/목축을 하는 몽골인의 생활 터전이 하루가 다르게 파괴되고 있지만 자원 채취로 발생하는 모든 경제적 이권은 한족에게 돌아감에 따라 몽골족의 불만은 계속 쌓여 가고 있는 것이다.

이렇게 중국 변방 곳곳에 민족분규에 인한 위험으로 인해 중국이 하계 올림픽이라는 국가적 행사를 앞두고도 티베트 사태를 강경 진압했던 이유는 올림픽보다는 국가의 위기 관리와 안정이 더욱 중요하다는 판단에서이다. 민족분규 사태가 커지면 티베트는 말할 것도 없이 그 여파가 신장, 네이멍구, 동북 3성 지역까지 이어질 가능성이 크기 때문이다.

소수민족 거주지역에서 다발적으로 터지는 중국의 내부 안보사태는 공산당 차기 권력구도에도 영향을 미치는 중대 변수가 될 수 있는데, 특히 티베트, 신장위구르, 네이멍구 등 3개 자치구 수장은 지역 안정을 시킬 수 있느냐 없느냐가 향후 공산당 내의 서열 상승 가능 여부의 최대 관건이라 보기 때문에 내부 안보에 더욱더 큰 관심을 기울이고 있다.

중국 공산당은 소수민족과의 분쟁을 해결하기 위해 분리독립 세력을 지속적으로 주의 관찰하고 통제할 것이다.

네이멍구 소수민족 소요 사태, 광둥성 농민공 시위 등으로 차이나 리스크에 대한 우려가 크게 높아졌고, 여기에 중국 경제 경착륙 가능성, 중국 인플레이션 위험 등이 부각되면서 중국을 바라보는 장밋빛 시각에 변화가 감지되고 있다.

그러나 전술한 위험요소로 인해 현 상황에서 중국이 국가적 위기를 맞을 가능성은 중국 정부의 강력한 통제와 정책 추진력으로 인하여 상당히 낮다고 예상하고 있다. 노동시장 위험성은 산발적인 집단행동이 위협을 가하고 있으나 대다수 노동자들이 생활고 해결에 집중하고 있고, 민족분규는 강력한 리더십으로 반정부 시위를 지속적으로 이끌고, 그 세력의 확장을 주도할 만한 조직이 부족하다는 것이 국가적 위기로의 발전 가능성이 낮다고 예상하는 이유이다.

그러나 이후 중국 사회는 한국, 일본 등 국가들이 겪었던 임금상승, 노사분규, 민주화 요구 등 복합적 요인으로 커다란 격변기를 맞을 수 있고 중국 정부의 지속적인 관심과 문제 해결의지가 없다면 시한폭탄의 뇌관에 불이 붙어 순식간에 터질 가능성도 전혀 배제할 수 없는 상황이며, 중국 정부는 소수민족과 한족 간 잠재 분쟁 가능성을 해결하지 못하면 중화제국으로 가는 길이 멀어질 수도 있기 때문에 중국 정부는 더욱 민족분규에 조심스러운 접근을 하고 있다.

세계의 공장으로서 놀라운 경제발전의 성과를 올린 중국은 11차 5개년 규획(2006~2010년)의 마지막 해인 2010년 일본을 제치고 미국에 이어 세계 2위 경제 대국으로 자리 잡았다. 제11차 5개년 계획 기간까지 중국 정부의 연평균 경제성장률과 국민소득 증가율 목표를 대부분 달성했으며, 지역별로는 중국 중앙정부 지침보다 높은 목표치를 책정해 모두 초과 달성했다.

2010년까지의 경제성장 전략이 GDP, 국민소득, 도시화 비율 등의 양적 측면의 성장이었다면 2011년부터 시작되는 12차 5개년 규획의 핵심은 양적 성장에서 경제 구조 전환, 소득분배 개선, 산업경쟁력 강화 및 친환경 발전 등의 질적 성장을 추구하고, 세계의 공장(Factory)에서 세계의 시장(Market)으로 변화하는 중요한 전환점을 실현하는 데 있다.

지금까지의 성장 전략이었던 양적 성장은 투자 및 수출 중심의 성장으로 세계 경기 침체에 따라 그 한계를 보이고 무역수지 불균형에 따른 주요 교역국과의 무역분쟁 및 전쟁이라 간주될 만큼 이슈가 된 환율 분쟁 등 문제점을 보이며 향후 지속성장에 어려움을 예상하고 있다. 그와 더불어 지역 간, 도시 농촌 간 빈부격차로 인한 사회 계층 간의 갈등이 심화됨에 따라 소득분배와 경제구조 개선의 필요성으로 인하여 질적 성장으로의 전략 수정이 필수 불가결하게 되었다. 다만 중국의 제조업은 경쟁국보다 높은 생산능력과 인프라 덕분에 당분간 내륙을 중심으로 세계의 공장 지위를 유지할 것으로 전망된다.

새로운 경제성장 전략하에서 중국 중앙정부의 추진방향인 경제의 안정적 성장, 신흥 전략산업의 육성, 주민소득 증대 등의 기본 목표는 중앙정부의 기조를 따르되 지역별 특수성을 고려해 각 권역 및 성/시에서 탄력적으로 목표를 세우고 있다. 상대적으로 경제가 발달한 동부 연해 지역은 주로 11차 5개년 규획보다 목표치를 하향 조정하였으나, 현재 경제 개발이 진행 중이고 중국 중앙 정부의 전략적 개발 지역인 중서부지역 대부분은 오히려 목표치를 상향 조정하여 10% 이상을 목표로 하면서 12차 5개년 규획 기간에도 경제의 양적 성장을 중요한 과제로 삼고 있다.

제12차 5개년 규획

중국 국가통계국에 따르면 12차 5개년 규획 기간 동안의 연평균 경제성장률은 약 7%로 잡고 이전 성장 목표 우선순위를 수출, 투자, 소비의 순서에서 소비, 투자, 수출로 변경함으로써 내수 소비 위주의 경제로의 방향을 잡고 있다.

12차 5개년 규획 첫해인 2011년 경제정책의 핵심을 보면 중국 경제의 안정적 성장, 기업의 지속적 구조조정, 민생안정 및 취업문제 개선 등을 제시하고 있는데 그 내용을 보면 GDP 성장률 감소, 경제구조 개선, 신규 고용창출에 집중하고 내수진작, 인프라 구축 및 미래산업 육성을 위한 재정정책 실시에 대한 언급을 하고 있다.

추가로 글로벌 금융위기 이후 급격한 통화량 증가가 물가 상승에 압력으로 작용으로 인하여 최근 지속되고 있는 인플레이션 압력 해소를 위한 정책도 제시되었는데, 물가 상승에 따른 서민생활 안정을 위해 농산품과 기초생필품 등의 공급을 강화하고 시중 유동성 조절 및 생필품 가격관리 등을 적극 추진할 예정이며, 통화정책 금리 상승을 유지하여 금융 긴축 정책을 실시할 예정이다.

내수확대, 민생개선에 대한 정부 차원의 대책을 강화하기 위해서 농민이나 도시 저소득층이 가전이나 자동차 구매 시 정부 보조금의 지원을 연장하고 의료, 인프라, 금융 등 공공기관이 독점하는 영역에서 국내 민간 자본의 투자를 촉진하여 시장 진입 활성화를 유도할 예정이다.

소득분배 개선을 위해서는 최저임금 인상 등 소득증대 지속과 양로보험과 산업재해 등 사회보장제도 확충을 추진하고 있다. 소득분재 개선을 위한 최저임금 인상 등의 정책은 중국의 경제발전, 인플레이션 반영과 함께 기존 소외 계층인 단순 생산직에 근무하고 있는 농민공 등의 꾸준한 임금인상 등을 이끌 가능성이 농후하며 그에 따른 영향은 중국산 수출품의 가격 상승으로 자연스레 연결되며 전 세계 중국발 인플레이션을 유발시킬 것으로 예상된다.

부동산 시장 안정을 위해서는 보장성 주택 건설과 공공 임대주택 활성화 등에 대규모 예산을 책정 투입하여 공급을 확대하고, 부동산 관련 조세 및 금융 제도 정비와 지방정부의 부동산 시장 안정화 유지를 위한 책임을 강화할 예정이다.

산업 구조조정 및 경쟁력 강화, 균형발전을 위해서는 에너지 절약 및 환경보호, 정보기술, 바이오, 첨단장비 제조, 신에너지, 신소재, 신에너지 자동차 등 전략적 신흥산업 집중육성을 목표로 하고 있다.

산업 구조조정의 일환으로 환경 규제를 대폭 강화하고 환경 파괴 가능성이 있는 화학품을 이용한 산업에 대한 관리 감독이 집중되고 있는데 한국의 한 업체는 중국 정부로부터 갑자기 공장을 이전하라고 요구를 받는 사례도 있었다.

예를 들면 1994년부터 난징에 2억 달러가 넘는 자금을 투자하여 공장을 세운 모 업체의 경우는 최근 난징시 당국이 오염물질과 에너지 소비가 많은 기업으로 지정하는 바람에 공장을 옮겨야 할 처지에 놓인 상황이다. 난징시는 내년 말까지 시한을 정해 두고 공장이전을 요청한 상황이며 이 같은 갑작스러운 공장이전은 기업에 큰 부담으로 작용하였다.

미래산업 육성을 위해서는 중국 독자 브랜드 육성과 신상품 개발 등 제조업의 첨단화를 추진하고 있으며, 소프트웨어 개발과 문화산업, 전자상거래 등 서비스업의 발전을 위한 정책 또한 적극 추진할 예정이다.

제12차 5개년 규획 지역별 주요 내용

중국 중앙정부의 12차 5개년 규획은 경제구조의 전략적 조정과 민생보장 등을 목표로 하고 있으며, 각 지방 정부는 지역별 12차 5개년 규획에서 경제성장률 조정, 신흥 전략산업 육성, 주민 소득증대 등을 통해 이를 구현하고자 하고 있다.

중국 중앙정부의 12차 5개년 규획에서는 2011부터 2015년 GDP 연평균 성장률을 7%로 하향 조정하였으나, 지역별로는 상황에 따라 다양한 목표치를 책정하고 있다. 성장률 목표치가 10% 미만인 지역은 허베이성, 산둥성, 저장성, 광둥성, 베이징시, 상하이시 등 주로 그간의 높은 경제성장 결과 소득수준이 향상된 동부 연해지역이며, 중서부지역에서는 유일하게 허난성이 성장률 목표치를 9%로 책정했다.

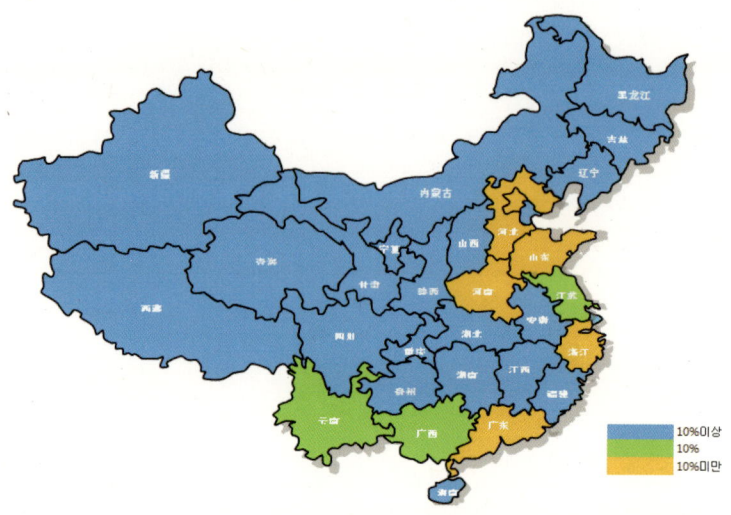

〈제12차 5개년 규획기간 성별 경제성장률 목표 분포도〉

黑龍江

吉林

遼寧

新疆

內蒙古

山西

河北

山東

甘肅

寧夏

陝西

江蘇

西藏

四川

重慶

湖北

安徽

浙江

貴州

湖南

江西

福建

雲南

廣西

廣東

海南

- 10%이상
- 10%
- 10%미만

  그 밖의 지역은 모두 **10%** 이상의 성장률을 목표로 하고 있으며, 특히 서부지역은 충칭시, 쓰촨성을 위시한 8개 성이 경제성장률을 11차 5개년 규획 기간보다 오히려 상향 조정함으로써 아직은 고속성장에 초점을 맞추고 있다. 또한 같은 직할시라 하더라도 베이징시, 상하이시와는 달리 티엔진시와 충칭시는 **12%** 이상의 성장을 목표로 하고 있어 12차 5개년 규획 기간에도 고속성장을 추진할 예정이다.

  그러나 지역별 연평균 경제성장률 목표치가 중앙정부의 목표치보다 높다는 사실만으로 지방정부가 중앙정부의 정책을 제대로 반영하지 않고 있다고 단정 지을 수는 없다. 헤이룽장성을 제외한 30개 성/시 중에서 12차 5개년 규획 기간 연평균 경제성장률 목표치를 11차 5개년 규획보다 낮추거나 같은 수준을 유지한 지역이 18개에 달해 상향 조정한 지역 수보다 많다.

  목표치를 하향 조정한 지역은 베이징시, 허베이성, 산둥성, 상하이시,

저장성, 광둥성, 허난성, 네이멍구자치구 등 8개로, 대부분 동부 연해지역에 위치한 경제가 상대적으로 발달한 지역들이다. 이들 지역이 목표치를 하향 조정한 데는 중앙정부의 기조를 따르려는 취지도 있겠으나, 경제 구조조정의 지역적 필요성에 기인한 것이기도 하다.

특히 서부지역의 경우, 경제성장률 상향 조정은 국가급 지역발전 규획인 서부대개발 전략에서 2단계(2011~2015년) 기간 중에도 고속성장을 계획하고 있기 때문에 12차 5개년 규획의 목표치보다 상향 조정한 것이 중앙정부의 의도와 같은 맥락이라 할 수 있겠다.

경제성장과 관련해 모든 지역에서 공통적으로 경제발전방식의 전환, 내수시장 확대, 지역균형 발전 등을 다루고 있으나, 구체적인 지역 이슈에는 차이가 있다. 베이징시는 인구증가 억제와 교통체증 완화를 12차 5개년 규획 기간의 주요 과제로 삼았고, 상하이시는 서비스업 중심으로 산업구조를 조정할 계획이며, 광둥성도 경제성장률 목표를 하향 조정하면서 질적 발전 추구 의지를 밝혔다. 이에 반해 중서부지역은 정부의 서부대개발 전략의 본격적인 시행을 기회로 고속성장을 추진할 계획이고, 쓰촨성도 고속 경제성장을 목표로 삼고 있으며, 서부지역 대부분의 성에서 인프라 건설을 통해 경제가 발달한 지역과의 원활한 경제 교류와 산업 이전을 목표로 하고 있다.

제12차 5개년 규획 성공 달성을 위한 과제

중국이 야심 차게 추진하고 있는 12차 5개년 규획의 성공 여부는 향후 5년간 국내외의 도전을 어떻게 극복하는가에 달려 있다. 전 장에서 서술한 노동시장, 민족분쟁 문제와 더불어 소득증대는 도/농 간, 지역

간, 계층 간 분배구조의 개선이 필요한 사안이므로, 결국 기득권의 양보를 어떻게 끌어낼 수 있느냐가 관건이며, 소득분배, 부동산 및 호구제도 등 이해집단이 대립하는 사안에서 개혁이 지체되면 정치적 혼란으로 인한 개발도상국 함정에 빠질 위험성이 있다.

지속적으로 증가하고 있는 각종 시위와 2010년 대규모 파업은 불균형 발전 문제가 더 이상 미루기 힘든 심각한 상황임을 반증하고 있다.

12차 5개년 규획의 성공을 위해서는 무역 및 안보 분쟁의 발생이나 에너지 수급의 불균형 등 대외환경의 안정도 필수적이다. 12차 5개년 규획의 핵심은 질적 성장이라고 천명하였으나 실제로 대내외 문제로 인하여 내수 성장 전략이나 안정적 경제발전에 걸림돌이 생기게 되면 중국 정부의 대응이 어떨지 궁금하다. 대량 실업사태나 구조조정이 필요한 경우 중국 정부는 구조조정 대신 성장을 우선하는 정책을 실시할 가능성이 농후하다. 그렇게 된다면 결론적으로는 안정성장보다는 지속성장 정책으로 문제점과 도전을 해결하고 양적 성장을 통해 질적 성장을 추구하는 모습이 재현될 가능성도 있다.

중국 중앙정부의 신흥전략산업의 경우, 모든 지역을 경쟁적으로 12차 5개년 규획에 포함시키고 있다. 대부분의 지역이 3개 이상의 신산업을 육성할 계획이며, 5개 이상의 산업을 육성할 계획인 지역도 전체 31개 지역 중 약 70% 이상을 차지하고 있다. 그러나 전 지역이 모두 신흥전략산업으로의 구조 개선은 어렵고, 지역별 정책 추진 능력과 기초 인프라에 따라 지역별 성과가 결정될 것이다.

제2장

서부대개발과 물류산업

서부대개발의 시작

중국 언론에 자주 등장하는 단어 중 샤오캉(小康) 표현이 있다. 이는 중국 정부의 소득분배 및 빈부격차 감소를 통하여 잘사는 먹고살 만한 중국을 만들고자 하는 목표를 한 단어로 기술한 적절한 표현인데, 생활에 걱정이 없는 중산층이 많은 사회를 만들고자 하는 의미이다. 이미 눈부신 발전을 이룬 연안지역은 경제발전 및 도시화로 인하여 많은 부자와 중산층을 양산하였고, 중산층까지는 아니라도 많은 일반 국민들의 생활이 점차 개선되고 있다.

그러나 중서부의 많은 농민, 노동자는 낮은 소득으로 인하여 어려운 생활을 유지해 나가고 있다. 이렇듯 중서부 지역의 경제 개발이 이뤄지지 않으면 중국 정부가 목표로 하고 있는 중국의 전반적 샤오캉 사회는 요원해 질 수 있으며, 많은 사람이 주장하고 예상하고 있는 세계의 공장에서 세계의 시장으로의 사회 변화는 중서부지역의 내수시장 성장이 필수 불가결한 조건이 되고 있다.

그래서 중서부 개발은 국토 균형발전이란 정책적인 차원 이상의 경제적 중요성을 갖고 있다. 후진타오 주석도 작년 서부대개발 10년을 되돌아보며 "서부 지역 경제를 내실 있게 발전시켜 전면적인 샤오캉 사회 건설 목표 실현에 노력해야 한다"라고 강조했다.

중국은 2000년 향후 1조 RMB(약 170조 원)이 넘는 천문학적 숫자의 자본이 투입될 서부대개발 계획을 발표하여 세계의 관심을 모았다. 서부개발은 중서부의 풍부한 천연자원과 동부연안의 자본을 연계해 대륙의 균형발전을 꾀하기 위한 것으로, 중국의 21세기 주요 국가전략 사업이다. 서부지역은 인구가 전체의 5분의 1 수준에 그치고 있지만 면적 비율은 전체 국토의 약 60%를 차지하고 있다. 석유매장량은 중국 전체의 약 40%에 달하고 천연가스 매장량도 무궁무진한 천연자원의 보고이기도 하다. 하지만 1인당 GDP는 전국 평균의 약 66%, 전체 대외무역의 3%에 불과할 정도로 경제발전이 뒤처져 있다.

서부대개발은 총 3단계, 50년에 걸쳐 진행될 예정인데, 1단계는 2010년까지 기초 인프라 구축, 2단계는 2030년까지 각 지역 대표 거점을 개발하고, 3단계는 2050년까지 서부 전역을 골고루 개발시키는 것으로 구분된다. 서부대개발의 핵심은 상하이 등 동부연안과 광둥성 등 남부지방은 그동안의 경제개혁, 개방정책으로 충분히 부유해진 만큼 이제 소외된 서부 내륙지방에 그동안 축적된 부를 돌려 지역 간 격차를 줄이고 전국의 균형발전을 위해 서부가 본격적으로 개발돼야 한다는 논리를 근거로 하고 있다.

2001년부터 시작된 제10차 5개년 규획의 중점 사업으로 확정된 서부개발사업은 서부내륙 연결철도 부설, 석유화학단지 조성, 황허 대수로 건설 등 대규모 프로젝트를 포함하고 있다. 서부지역의 천연가스를 상하이까지 연결하는 '서기동수(西氣東輸)', 수력발전소를 건설하여 전력을 동부 연안에 보내는 '서전동송(西電東送)', 양쯔강 수로를 황하로 연결하는 '남수북조(南水北調)', 칭하이성과 티베트를 잇는 고원철도 칭장철도(靑藏鐵道), 환경보호를 위해 농지에 나무를 심는 '퇴경환림(退耕還林)' 등이 서부개발을 위한 대표 정책이다.

서부대개발의 중심축은 쓰촨성과 충칭시다. 철도, 고속도로, 공항 시설이 비교적 잘 갖춰진 탓에 동부연안 도시와 신장, 칭하이, 티베트 등 더 낙후된 서부지역을 연결하는 개발 교두보 역할을 하게 될 것이다. 특히 충칭과 청두를 아우르는 '청위경제권'은 그동안 중국 경제의 엔진 역할을 했던 장강삼각주와 주강삼각주에 버금가는 경제 동력이 될 전망이다.

서부대개발의 중심, 서삼각 경제권

2009년 서부대개발의 핵심 지역인 샨시, 쓰촨, 충칭시 3개 성/시 발전개혁 위원회가 서부삼각 경제권이라는 기본 구상을 발표하고 본격적인 연구 및 논의를 하기 시작했다. 구상의 핵심은 향후 12차 5개년 규획 기간 서부대개발 사업이 시안-청두-충칭의 서부삼각주에 집중되어야 한다는 것이다.

즉 서북/서남지역의 경제 중심 및 서부 전체의 중심 경제지역을 구축하여 주강삼각주, 장강삼각주 및 환발해지역에 이은 중국의 제4대 경제성장 중심을 형성함으로써, 서부지역 전체로의 경제성장 파급효과를 극대화하고 나아가 중앙아시아까지로의 경제 개발 연결 기지가 된다는 것이다.

서부삼각주 지역은 관중, 청두, 충칭시와 이들 도시 사이의 약 60여 개 시를 포함한다. 이들 3개 성/시는 서부삼각주의 집중적인 산업 개발을 통해 전국 주요 선진 장비제조업 기지 건설, 국가주요 첨단 기술산업 기지 건설 및 전국 최대 국방과학 기술공업기지 건설을 목표로 내세우고 있다.

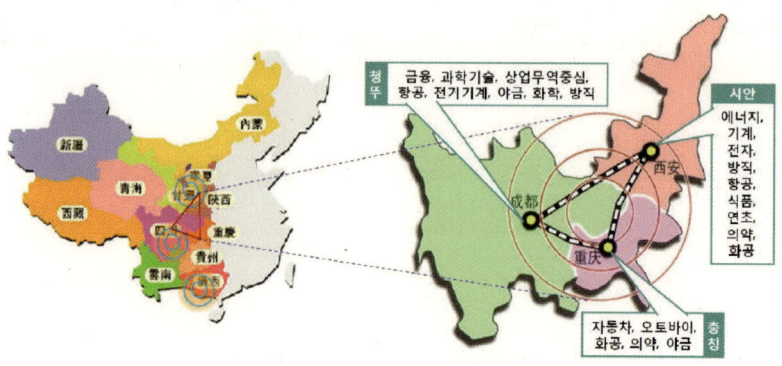

서부대개발 집중개발지역의 변화 예상도　　　서부삼각주 산업연결 개념도

자료: 新华网, 西川在线, KMI 분석 · 재작성

2001년부터 2010년까지의 서부대개발의 1단계 정책을 마치고 2011년부터는 12차 5개년 규획 시작과 함께 서부대개발 정책이 2단계인 가속발전단계에 돌입한다. 2008년 이후 서부 내륙지역에 대한 정부 투자가 급속히 증가하였고, 그 성과도 점차 가시화되고 있다.

　　투자를 고민하는 물류기업은 서부대개발 정책이 2050년까지의 초장기 규획이란 점을 상기할 필요가 있다. 즉 서부대개발의 중심으로 부상하는 서부삼각주에 대한 사전 조사를 보다 강화하여 적절한 투자 시기 및 방법을 결정해야 할 것이다.

서부대개발과 물류정책 변화

　　산업 정책은 정부가 지도나 강제적인 방법으로 시장경제를 운영하는 일종의 지도이다. 20세기 특히 90년대 이후 중국에서 현대적인 물류시장은 중국의 경제개혁 발전과 함께 빠른 속도로 발전해 왔다.

그러나 현재까지 중국에는 정책이라는 단어가 명확하게 포함된 물류 정책은 없었으며, 다만 물류와 연관이 되어 있는 철도법, 도로법, 항만법, 민간항공법 등 법규와 중국 현대물류 발전 가속화를 위한 보고서, 통지서 등과 같은 행정수단에 의해 물류정책 시스템이 유지되는 것이 현실이었다.

이 같은 물류정책은 관련 법규의 체계성과 연계성의 부족, 법규의 효력 약화, 실제 발전상황과 법규에 의한 조정 및 규범의 불일치 등이 나타나고 있으며, 행정지도 성격의 의견서 등은 대부분 거시적 관점에서 편향되어 있어 구체적인 실행 가능성이 결여되어 있다.

최근 들어 국무원에서 물류산업 조정 및 진흥규획 통과시켰으며, 10대 산업 진흥규획에 포함된 유일한 서비스 산업으로서 물류산업도 중요한 역할이 부여되었다. 이는 중국에서도 물류정책의 중요도가 증대되었음을 보여 주는 것이다.

중국에서의 규획은 광범위하게 운영되고 있는 일종의 산업정책 수단이다. 물류산업 발전과 관련해 초기에는 선도 및 지원에서 이제는 강제성 있는 규획의 수립에 의해 정책적 의도를 구현하는 것이다.

최근 몇 년간은 종합 교통망 중장기 발전규획, 전국 연안항만 배치규획, 국가도로운송 허브 배치 규획, 중장기 철도망 규획 등 일련의 규획이 수립되었는데, 이는 물류인프라의 건설 및 이용에 대한 정책적인 지도의 성격이었다.

중국 내 물류인프라가 발전함에 따라 물류정책의 조화가 중요하게 되었다. 물류산업의 발전은 다양한 산업, 기업, 지역과 연계된 시스템에 의해 나타난다. 물동량의 기하급수적 증가는 기업 간의 일체화된 물류시스템 형성이 얼마나 중요한지에 대한 인식을 하기 시작하였으며, 지역간 물류정책의 조화도 점차 중요시되고 있다.

이제는 지역 간의 물류정책 추진도 대부분 규획 형태로 수립되고 있어 정책의 일관성과 효율성 장기적 관점에서의 개발이 가능하게 되었다.

예를 들어 장강 삼각주지역 현대화 및 도로, 수로 교통규획, 환발해지역 현대화 및 도로, 수로 교통 기초시설 규획/강령 등과 같은 물류산업 규획이 행정구역의 경계를 초월해서 수립되는 상황은 지역 간의 물류산업 발전을 촉진하는 정책을 공동으로 추진하려는 의도가 매우 강해진다는 것을 보여 준다.

그리고 이전과 달리 현재 물류 정책은 거시적 관점에서 미시적 관점으로 변화하고 정책의 구체화 및 명확화가 더욱 중요시되고 있다. 초기에 지도서 및 의견서 등의 형식으로 수립된 물류정책은 대부분 일종의 입장을 밝힌 것이며, 실행 가능성이 매우 부족했다.

그러나 최근 몇 년간 물류산업 발전과 관련된 재정, 세수, 금융 및 토지정책이 점차 구체화 및 명확화되었고, 표준이라는 기술 및 강제적 수단 운용을 통해 물류정책의 목적을 실현하고 있으며, 그리고 제조 및 농업 영역에서 현대물류를 발전시키기 위한 세부적인 조치 및 수단 등에 의해 중국 물류정책이 지속적으로 구체화되고 시행 가능성도 높아지고 있다는 점을 발견할 수 있다.

물류환경 변화

2011년부터 2016년까지의 중국 12차 5개년 경제개발 규획 기간의 경제/사회발전은 물류산업 성장에 변화된 기회 요인을 제공할 것으로 전망된다.

철강, 자동차, 화학공업, 기계장비 등 중공업은 연해지역을 중심으로 집적되고, 노동집약형 산업은 내륙지역으로의 이동이 가속화될 것이다. 따라서 공산품의 흐름과 유통량의 증가는 물론 관련 유통 플랫폼, 교통 인프라 및 부대수단 등은 모두 큰 변화가 예상된다.

12차 5개년 규획기간에 중국의 도시화 현상은 3가지 추세를 보일 것으로 전망된다. 즉 도시수량 증가 가속화, 중서부지역 도시발전 가속화 및 중심도시를 핵으로 한 도시체계 형성이 가속화될 것이다. 중국의 도시화율은 1990년 약 26%에서 2000년 약 36%, 2009년 약 47%로 증가하고 있다.

일반적으로 선진국의 발전 역사를 볼 때, 도시화율이 70%에 도달할 때까지는 경제의 고속성장이 가능하다고 한다. 중국의 지난 10년의 도시화율 연간 약 1~2%의 증가속도를 감안하면, 향후 중국은 15~20년 동안 지속성장이 가능하고 이와 함께 물류산업의 발전도 그 이상의 고속 성장이 가능하다는 셈이다. 이런 측면에서 중국의 도시화 발전은 향후 중국 물류 산업의 중요한 성장 조건으로 충분한 역할을 수행할 것으로 보인다.

중국의 도시화 진전과 함께 도시권역대 형성은 물류산업 발전에 가장 큰 기회요인을 제공하게 될 것이다. 대형 도시와 함께 인근 도시권역대 의 발전은 도시 간 물자 운송을 더욱더 활발하게 할 것이며 기존 3개 주요 지역 간 물류 연결은 중국 중부, 서부지역의 도시 발전과 함께 좀 더 복잡한 도시 간 물류 연결 인프라와 다양한 운송 형태 발전을 촉발할 것으로 예상된다.

중국 정부는 지속적인 대규모 교통 인프라 건설을 가속화하여 효율성과 상호 연계성을 극대화한 고속철도망, 고속도로망, 항공망 및 수운망을 구축할 전망이다. 특히 고속철도망이 형성된 이후에는 기존 철도망의 화물운송능력을 극대화할 방침인데, 이로 인해 물류서비스 체계에 중대한 영향을 미칠 것으로 예상된다.

그 외에도 12차 5개년 규획 기간 동안 중국 내부 및 외부 국가로부터의 자원 확보 및 환경보호 압력 증가, 시장경쟁시스템 구축 가속화 등도 물류산업 발전과정에서 고려해야 할 중요한 요소이다.

서부지역 물류

자연적 · 지리적 · 역사적 원인으로 중국 서부지역의 경제발전 수준은 중부 및 동부지역에 비해 상대적으로 낙후되었으나 서부대개발에 따른 정부의 물류산업 발전 규획의 경제성장 촉진효과는 중국 물류의 큰 기회를 제공할 것이다. 서부대개발이 추진된 첫 10년은 초기 인프라 구축에 중점을 둔 것과 같이 물류 부분에서도 물류에 대한 인식변화의 기간이었던 것으로 보인다.

서부대개발 추진으로 대외 수출입 물량이 계속 큰 폭으로 증가하며, 서부지역은 중동부와 중앙아시아를 연결하는 핵심이 될 전망이다.

그러나 현재까지는 서부지역 물류발전 수준을 보면 연안지역에 비해 크게 낙후하고, 전국 평균보다도 열악한 상황이다. 그러나 서부지역의 경제발전을 위해서는 물류산업의 조속한 발전이 그 시금석이 될 것이며 앞으로 중국 정부의 더욱더 큰 관심과 지원이 필요한 상황이다.

현재까지 대부분 물류기업이 종사하는 업무 분야는 창고, 운송 등 단편적인 물류 기능에 국한되어 있다. 기업 규모 또한 영세하고 분산되어 있고, 서부지역의 물류서비스 기능이 낙후하여 물류 공급사슬에 대한 전체적 관리 및 통제가 용이하지 못하다.

서부지역은 시장 경쟁력이 매우 낮으며, 고부가가치 서비스의 요소가 결여되어 있으며, 아직까지 개발 단계에 있어서 주변 지역으로 물류 확장이 어려운 게 현실이다. 수익구조를 보더라도 기존 각종 물류기업의 수익은 90%가 기초 서비스에 기반을 두고 있으며, 부가가치 및 물류정보 등 파생서비스는 10%에 불과하다.

그렇기 때문에 전통적인 화물 운송 기업은 물류 선진화 개념을 바탕으로 현대적 물류로 전환, 선진적 경영모드, 현대적 정보기술 및 관리기법 등이 수반되어야 한다. 물류시스템 관리의 기획, 경영 및 통제 능력을 제고하여 물류서비스 수준을 향상시켜야 한다. 이를 성취하기 위해 앞으로 서부지역 취약한 물류기업의 발전은 정부 물류규획에 포함하여 정책 추진 핵심과제로 간주, 발전되어야 하는 상황이다.

장강유역 물류

장강은 중국 최대 하천으로 우월한 자연적 통항조건을 제공한다. 내하 운송에 있어서는 가장 규모가 크고 활발하며, 장강 주변 지역을 비롯한 전국의 경제발전에도 크게 기여하고 있다. 최근 정부가 서부대개발 전략, 장강 황금수로 개발전략, 중부약진 등 일련의 전략들을 발표함에 따라 장강지역의 경제가 신속히 발전했으며, 물류수요가 계속 증가하면서 장강 유역의 물류산업은 새로운 기회와 도전을 맞이하고 있다.

〈장강 유역 및 배후 경제권〉

장강 물류 발전을 위해 장강항무관리국은 장강해운의 3단계 발전 전략지침을 제시했다.

제1단계는 2010년까지 장강해운의 현대화 기반 조성, 제2단계(12차 5개년 규획기간)는 2015년까지 장강유역 사회경제의 총체적 발전요구를 만족시키고, 마지막 제3단계(13차 5개년 규획기간)는 안전/원활/편리/효율적/경제적 장강해운 네트워크 및 운송서비스 체계를 완성하여 장강유역 사회발전을 선도한다는 전략이다.

또한 장강항무관리국은 중장기 정책 전략의 종합적 경제적 발전을 위해 상하이 국제 해운센터 건설을 시작으로, 우한 중류 해운센터와 충칭 상류 해운센터 등 허브 항만 건설을 가속화하고 항만-철도-도로 간 연계 서비스를 강화하는 현대적 종합물류허브 건설을 촉진시키고 있다.

장강 상류 충칭시는 중국의 동과 서를 연결하고 남과 북을 관통하는 중심에 있으며, 장강 상류의 중요한 해상/육상/항공의 종합허브 및 상품 집산지로 개발 중이다. 물류 허브 규획이 추진되면서 충칭은 장강 상류의 핵심 물류센터로 부상할 것이다.

상류 지역의 충칭과 더불어 완저우(万州), 푸링(涪陵) 등 3개 허브 항을 기점으로 기타 중소형 거점 개발도 동시에 추진되고 있는데, 용촨(永川), 쟝진(江津), 펑제(奉節), 허촨(合川), 우룽(武隆) 등 주요 항구들을 지원하는 기능 구분이 명확한 항만시스템이 구축될 예정이고, 특히 충칭은 장강 상류에서 가장 큰 컨테이너항만 및 벌크 환적항으로 성장하고 주요 항만의 물류단지들을 위한 배후지역이 될 전망이다.

장강 중류 물류센터의 중심인 우한은 후베이성에 위치하여 중류 허브가 될 예정이다. 장강 경제지역 개방 개발 종합규획(2009~2020)에 따르면, 향후 후베이성은 장강 수로와 도로, 철도, 항공 등의 물류인프라가 빈틈없이 연결되는 물류 네트워크를 구축할 계획이다.

난징(南京)은 장강 하류 물류센터로 상하이 국제해운센터의 지위가 강화되면서 상하이 국제해운센터 북쪽 주요 항만으로 성장했다. 건설 중인 빈쟝(濱江)물류단지는 장강 유역에서 가장 큰 철강물류 기지로 부상할 것이다.

또한 장강삼각주, 난징도시권 및 주변지역에서 산업의 급속한 발전과 완쟝(皖江)도시권 발전전략, 쟝쑤(江蘇)성 장강연안 개발전략 등이 난징시 장강 항운 물류센터 건설을 위한 확고한 기반이 될 것이다.

그러나 장밋빛 미래만이 있을 것만 같은 장강에도 장강 물류산업의 당면과제 및 도전이 있다. 우선 물류인프라의 개발 지연이다. 장강유역 물류센터 건설은 일련의 대형 물류기지를 기반으로 해야 하는데 물류기지 건설은 막대한 투자와 기간이 필요하다. 그리고 장강 상류 및 중류에는 자동차, 화학공업 및 야금 물류단지 등 전용 물류단지의 개발도 지연

되는 문제가 나타나고 있다.

현재 장강유역 물류산업의 발전수준은 비대칭 발전으로 인하여 불균형한 상태에 있다. 하류의 상하이, 난징 등에서 제3자 물류(3PL)가 현대 물류 산업의 주요 형식이 되었지만 장강 상류와 중류에서는 진정한 의미의 3PL 기업이 부족하며, 물류기업의 서비스 능력이 지역경제 발전수요를 충족시키지 못하고 있다. 또한 물류정보화의 수준은 낮고 물류원가는 상대적으로 높다. 특히 장강 상류지역의 낮은 물류정보화 수준은 이 지역물류원가를 상승시킨다. 충칭시는 서부지역 물류원가를 낮추기 위한 방안으로 장강 황금수로를 골격으로 한 물류정보 공공서비스 플랫폼 구축에 착수했다.

장강유역 발전과 더불어 지역 물류기업 증가는 물류산업 경쟁의 심화를 불러일으키고 있다. 지역 간 산업의 유사성이 상승하고 중공업 및 화학공업 비중이 증대되면서 경쟁이 심화되고 있다. 또한 상류, 중류, 하류에 화공, 철강, 식품 및 자동차 물류단지가 조성되어 경쟁이 격화되었다. 고속도로 및 철도의 건설이 계속되면서 운송모드 간의 경쟁도 심화되고 있다.

이에 경쟁력 강화를 위해 장강 연계개발에 의한 통합과 일체화가 추진되고 있고, 장강 연안 주요 항만은 전략적 제휴를 통해 물류산업 연계개발을 추진했다. 상·중·하류 지역에서 해운, 선박대리, 컨테이너부두 등 분야의 18개 기업을 통합하여 새로운 장강 항만물류 유한공사가 설립되었다. 또한 후베이성 장강경제권 개발규획에 의해 우한신깡과 이창, 창사, 웨양, 쥬쟝 등 주변항만들의 협력이 추진되었으며, 하류의 상하이항, 상류의 충칭 및 쓰촨(四川) 등과의 협력도 강조되었다. 이와 같은 상·중·하류 협력 및 연계개발에 의해 장강유역 경제의 일체화된 건설을 공동으로 실현할 방침이다.

장강유역의 공업기반은 석유화학, 철강, 건축재, 자동차, 장비제조 및 식품가공 등 매우 견실하며, 경제 개발구와 공업단지가 장강을 끼고 위치하여 있다. 그 결과 장강유역 물류수요는 계속 증대될 전망이다. 물류산업 및 제조업 연계발전은 물류산업 진흥의 핵심 요소가 될 전망이다. 이에 따라 장강 경제권의 제조업 및 관련 산업의 급성장은 분명히 장강유역 물류산업의 연계발전을 유발할 것이다.

　　더욱이 장강수운은 다른 운송모드들에 비해 친환경적이다. 에너지절약 및 배출가스 저감과 '저탄소경제'를 강조하는 국제적 여건에서 장강수운의 잠재력은 더욱 발휘될 수 있으며, 장강유역 물류의 새로운 발전기회를 제공할 것이다.

제3장

주변국 연계 물류

대국굴기 중화 제국을 꿈꾸다

중국은 러시아, 캐나다, 미국에 이어 4번째로 큰 국토를 갖고 있다. 국경을 접하고 있는 인접 국가는 바다 건너 인근 한국, 일본 필리핀 등 동남아 국가를 제외하더라도 총 14개국과 국경을 맞대고 있는데 그 국가들을 나열하자면 북한, 러시아, 몽골, 카자흐스탄, 키르기스스탄, 타지키스탄, 아프가니스탄, 파키스탄, 인도, 네팔, 부탄, 미얀마, 라오스, 베트남으로 세계에서 제일 큰 국가인 러시아가 인접한 11개국보다 3국이 더 많다. 많은 인접 국가와는 국가별 정치적·경제적 상황에 따라 교역 및 각기 다른 물류 환경을 갖고 있는 상황에 있는데 각 국가별 상황에 따라 중국 정부의 정책 전략을 엿볼 수 있도록 하겠다.

중국의 주변국 연계 전략

중국 서부지역의 유일한 직할시인 충칭(重慶)시는 지역적으로 중국의 중심에 위치하여 그 중심으로부터 사방으로 주변국과 연결되는 물류 연계 계획을 하고 있다. 그 내용은 장강과 2개 철도노선을 중심으로 태평양, 인도양 및 대서양을 연결하는 물류 축을 개발한다는 1강2익3양(一江兩翼三洋) 물류전략을 수립했으며, 이를 적극 실현하기 위한 의견서 형식의 기본 규획을 확정했다.

1강은 장강을 통해 태평양으로의 물류 축을 구축하는 것이며, 2익은 위란(渝蘭)철도를 통한 아라샨코(阿拉山口)-카자흐스탄-러시아-벨로루시-폴란드-독일-로테르담-대서양의 물류 축 및 위첸(渝黔)철도를 통한 궤이양(貴陽)-쿤밍(昆明)-따리(大理)-뤠이리(瑞麗)-미얀마-인도양의 물류 축을 구축하는 것이다.

이를 위해 충칭시는 장강의 운항조건을 개선하여 장강의 수송능력을 확대하고 충칭항의 서비스와 작업효율을 적극 제고시키며, 특히 3개 물류기지와 4개 내륙 항구도 개발할 계획이다.

이를 적극 지원하는 방안으로는 충칭시가 물류산업 발전기금을 조성하며, 연간 2억 위안을 투자하여 철도인프라 확충에 역량을 집중할 예정이다.

또한 대형 및 중소형 물류기업의 금융을 지원하고 이들 물류기업에 대한 에너지 및 부지 공급과 인허가상의 우대정책을 실시함으로써 규획을 조기에 실현하는 데 주력할 계획이다.

중국-북한

중국은 혈맹이라고 하는 북한과 타 국가와는 달리 활발한 정치적·경제적 교류를 진행하고 있다. 2003년 중국의 동북진흥계획을 시작으로 동북 3성 지역협력을 연계시키는 국가발전 전략을 추진해 왔다.

2009년 '창지투(창춘–지린–두만강) 선도구' 개발계획이 국가전략으로 추진되면서 중국 정부는 나진항을 중심으로 북한 북방항구 인프라 개선에 대규모 투자를 투입하고 있다.

'창지투 선도구' 계획은 한국, 일본, 러시아 등 주변국 간 경제협력과 산업, 물류중심지 개발이 목표지만 현재 중국 북쪽에 자국 항구가 없는 중국으로서는 나진, 청진항을 가진 북한과의 협력이 필수적이다. 모든 자금은 중국에서 투자하고 있으며 훈춘–나선–청진으로 연결되는 도로 인프라 및 항만 시설을 구축하고 있다.

나진항 개발과 더불어 북한과의 전통적 교역 창구인 단동지역에서 또한 교류 확대를 추진하고 있으며 단동에서 시작되는 도로를 개성까지 연결 개발할 예정이다.

북한은 중국과의 경협을 확대하며 중국의 원조 확대를 기대하고 있으며 중국은 인프라 투자를 통한 중국의 북한 내 중국의 기득권 확보와 더불어 북한을 통한 태평양 진출의 교두보를 마련하는 듯하다.

중국 - 몽골

몽골은 광물, 캐시미어 등 1차 생산품을 수출하고, 연료, 기계설비, 전자제품, 자동차 등 에너지와 자본재는 거의 수입에 의존하고 있어 만성적인 상품수지 적자를 보이고 있다.

몽골의 최대 수출대상국은 중국으로 2008년 몽골의 대중국수출비중은 약 85%에 달하며 특히 몽골 주요 자원의 대부분이 중국으로 수출되고 있다. 반면 휘발유, 디젤연료, 밀 등은 주로 러시아로부터 수입하고 있는데, 2008년 몽골의 대러시아 수입비중은 약 35%, 중국이 약 31%로 대부분의 수입 물량이 러시아, 중국과 교역되고 있다.

수출품목은 광물자원에 집중되어 있고 동, 금, 몰리브덴, 석탄 등이 광물자원의 전체 수출의 약 60%이다. 이 중 동에 대한 수출 의존도가 가장 크다. 그 외 양털, 캐시미어 등을 수출하고 있으며, 참고로 몽골은 중국에 이어 세계 2위의 캐시미어 생산국이다.

중국과의 물류는 1991년 중국과 철도통과협정 체결을 하였으며, 같은 해 도로운송 협정체결을 하였다. 중국과 철도, 도로운송 협정체결 이후 중국톈진의 신강항을 통해 몽골 운송이 가능하게 되었는데 현재는 대부분 철도를 이용하여 교역이 이루어지고 있다.

도로운송의 경우는 중국 내 도로 지역은 포장도로 시공으로 아주 양호한 도로운송 여건을 갖고 있으나 중국 국경선 이후 몽골 지역에는 아직도 포장도로가 설치되지 않아 도로운송은 극히 드문 상황이다. 철도운송 또한 철로 폭이 틀려 중국, 몽골 국경지역에서 환적이 이루어져야 하는 불편이 있다.

중국 - 몽골 간 물류는 품목이 단순하고 물류인프라가 발달되어 있지 않아 특이한 점은 없으나 중국이 몽골의 자원 방출을 막는다는 느낌이 있다. 몽골은 자연자원 특히 석탄을 수출하기 위해서 중국 지역을 거치거나 러시아를 거쳐 수출해야 하나 러시아를 통한 수출은 4,700㎞의 긴 거리와 비싼 물류비로 인하여 중국을 경유하는 1,100㎞를 이용해야 하는데, 석탄 수출의 경우는 중국 철도공사 측에서 화차 배정 자체를 하지 않고 있어 간접적으로 수출 장벽을 만들고 있다.

한국에서 몽골을 거쳐 러시아까지 연결되는 철송 라우트(Route)를 보면 다음과 같다.

■ TMGR운송루트

인천, 부산 → 신강(톈진) → 중국국경Erlian → 몽골국경Zaminuud → 울란바토르(Ulaanbaatar) → 몽골국경 Sukhbaatar → 러시아국경 → Naushki → ULAN−UDE에서 러시아의 TSR과 연결

중국−중앙아시아

중앙아시아 국가들은 1991년 소련의 붕괴 이후 차례로 독립하면서 국제무대에 다시 등장했다. 중국과 중앙아시아 국가들 간의 관계 역시 이들 국가의 독립 이후 다시 형성되었는데, 중앙아시아와의 관계에서 눈에 띄는 특징은 날로 급증하는 중국의 에너지 수요량에 대비하기 위한 에너지 수급과 관련한 전략적 이익추구와 더불어 지역안보와 관련된 전략적 이해관계를 구축하기 위해 정치적·경제적 관계 확대를 하고 있다.

중앙아시아 국가와의 협력은 중앙아시아 지역의 에너지 자원을 서부 국경을 통해 받을 수 있을 뿐만 아니라, 이들 지역을 경유하여 이란의 석유까지도 육로로 공급받을 수 있게 됨으로써 지속 가능한 경제성장에

필수적인 에너지 공급을 안정적으로 확보, 공급받는 데 그 목적이 있다. 중국-중앙아시아 가스관은 중국의 첫 역외 가스관이자 중국 역사상 최대의 역외 가스관 프로젝트로 중국의 에너지 안보 보장에 중요한 의미가 있다.

그리고 다른 한 가지 중요한 목적은 중국 서부의 신장-위구르지역에는 분리 독립을 주장하는 이슬람 세력이 존재하는데 이를 차단하기 위해서 중앙아시아 국가들의 협력 없이는 불가능한 과제다.

중국으로서는 이러한 부분을 해결하기 위해 중앙아시아 국가들의 지지와 협력을 필요로 하며 이것이 이 지역 개입의 중요한 이유로 작용한다.

이러한 점 때문에 중국이 중앙아시아와 교류를 확대하고 실크로드 복원사업에 열을 올리고 있는 것이다. 현재 중국은 중앙아시아와 중동을 거쳐 터키까지 잇는 '철의 실크로드' 구상을 현실화 추진하고 있다.

중국-카자흐스탄

중국은 지속적인 고도 경제성장에 따른 석유수요의 증가로 1994년부터 석유 수입국으로 변화되었다. 고도성장 추세가 21세기에도 계속될 것임에 따라서 중국은 에너지의 안정적인 공급을 대외정책의 주요 과제로 삼고, 이를 위한 외교를 강화시켜 오고 있다.

중국은 카자흐스탄 서부지역, 카스피 해 연안지역에서 생산되는 석유를 송유관을 통하여 중국으로 운반하는 1,000킬로미터의 파이프라인을 카라간다에서 신장까지 구축하고 있다. 또한 중국은 여타 중앙아시아 및 카스피 해 지역의 석유 개발에 대한 관심을 유지하고 있으며, 현지기업 및 서방세계의 석유메이저들과 공동으로 석유 및 천연가스 개발사업을 추진해 오고 있다.

중국은 카자흐스탄을 유럽으로 연결하는 전략적으로 매우 중요한 지역으로 인식하고 있다. 중국은 트랜스 코카서스 국가들의 러시아에 뒤이은 2번째 교역 국가이나 아직은 매우 낮은 수준의 통상 협력 관계에 있다. 이를 타개하기 위하여 TRACEA(중국-중앙아시아-트랜스 코카서스-유럽을 연결하는 현대판 실크로드 건설 프로젝트)의 조기 현실화 등 철도, 도로, 수송관 등과 같은 인프라의 조기 건설에 많은 관심을 기울이고 있다.

중국-동남아시아

중국의 동남아 국가와의 외교 정책 및 전략은 이전 미국, 일본 등과의 경쟁하에 정치적 주도권을 잡기 위한 성향이 강하였으나 이제는 동남아 국가들과의 경제관계에 보다 역점을 두는 방향으로 나가고 있다.

동남아 진출 전략은 중국의 경제발전 전략과도 연계되어 있다는 점에서 강한 추진력을 얻고 있는데 특히 남부지방인 광둥/광시성, 윈난성을 관문으로 한 물류 연결 전략을 추진하고 있으며, 이를 위해 메콩 강 유역개발 사업(GMS: Greater Mekong Subregion)과의 연계를 계획하고, 나아가서는 GMS 사업과 중국의 서부대개발 계획을 연계하여 중국 남부와 동남아 경제의 연결고리를 중국 서부로까지 확대할 예정이다.

GMS은 1992년 아시아 개발은행이 주도하여 메콩 강 유역국가가 참여하는 소지역 개발 계획인데 그동안 약 100억 달러를 투자하여 교통망 건설 등 인프라 건설 사업에 주력해 왔으며, 인도차이나 대륙의 도로망 연결은 거의 마무리 단계이다.

초기 중심과제는 서부지역의 인프라 건설이며, 동남아 접경지역인 윈난, 광시 배후지역인 쓰촨, 꾸이저우 등 중국 내부의 연계 수송망을 건설하여 중국 남부 지방과 동남아 간 도로, 철도 연결을 통하여 물적·인적 교류 확대를 도모하고, 나아가 중국의 내륙 육로/철도망을 동남아 해상로와 연결하는 계획을 추진하여 인도네시아, 필리핀 등 동남아 경제와 연결한다는 전략이다.

중국 – 베트남

베트남 교통운수부는 오는 2015년까지 중국 쿤밍(昆明)에서 베트남 하이퐁까지 국제고속도로가 개통될 계획임을 발표했고, 윈난성 교통운수청 또한 환영한다는 입장을 밝혔으며, 베트남 측은 쿤밍 – 하노이 경제회랑지역 구축을 위하여 베트남 국내 고속도로의 기반시설 개선 및 건설을 가속화하며, 양측의 적극적인 협력을 통해 쿤밍 – 하노이 직통운송을 조속히 실현하며, 쿤밍 및 베트남 북부를 연결하는 홍허(紅河) 강 내륙수운체계를 개발한다는 물류협력을 제안했다.

이미 착공된 하노이-라오제 및 하노이-하이퐁 노선 등 베트남 측의 고속도로는 2012년 초까지 모두 완공될 예정이며, 이에 따라 쿤밍에서 베트남 국경을 통과하여 베트남 하이퐁까지 600㎞에 이르는 전체 국제 고속도로 노선이 개통될 경우 운송시간이 6~7시간이 되어 일일생활권이 될 전망이다.

중국-미얀마

중국, 미얀마 간 경제 협력, 인프라 건설은 타 인접국보다 월등히 활발한 교류가 진행되고 있다. 중국은 2000년대 중반 이후 윈난성(云南省)을 교두보로 하여 미얀마와의 국경무역의 활성화와 경제 진출 전략을 본격화하는 가운데 경제 교류 강화, 무역 확대와 양국 교통망 연결 등 인프라 건설 지원하고 있다.

윈난성에서 미얀마로 연결되는 도로망은 미얀마를 경유하여 인도 방면으로 향하는 북선, 방글라데시 방면으로 향하는 중간선, 미얀마 해안 방면으로 향하는 남선 3가지 노선이 있다. 중국은 현재 일반도로(일부 고속도로)를 기완성하였으나 앞으로 도로의 개선과 함께, 현행 쿤밍(昆明)-따리(大理) 철도 노선을 미얀마 국경까지 연장하는 공사를 진행 중이다.

도로 철도공사 이외에 미얀마 정부는 미얀마에서 가장 큰 이라와디(Irrawaddy) 강의 북부 상류를 중심으로 다수의 댐과 수력발전소를 건설 중이거나 건설할 계획을 갖고 있다.

미얀마 정부는 진행 계획 사업 중 3분의 2가 GMS 국가들과의 협력

사업이라고 밝히고 있으나 2~3개를 제외하고는 대부분 중국과의 협력 사업이라 추정되고 있다. 중국 수출입 은행은 미얀마 수력발전사업에 4 억 불가량의 지원 계획을 발표하였는데 이 협력의 특징은 수력발전 사 업 완공 후 발전량의 80% 이상을 중국으로 송전하기로 합의한 것이다.

중국, 미얀마 간 중요한 협력사업 중 하나가 송유관/가스관 건설 공사 이며 2013년 5월 완공을 목표로 건설 중이다. 미얀마 해안―만달레이― 무세(이상 미얀마)―뤠이리(瑞麗)―따리(大理)―쿤밍(昆明)까지 800㎞ ~ 900㎞ 거리이며, 다음 단계로 쿤밍(昆明)에서 꾸이저우(貴州) 및 광시성 (廣西省) 지역까지 연장할 계획이다. 현재는 동남아에 위치한 말라카 해 협(싱가포르―인도네시아)을 통해 중동과 아프리카에서 생산되는 원유 와 가스를 수송하고 있으며 이 수송로는 유일한 수송로로 동 해협이 봉 쇄되는 경우 중국 에너지 수급에 결정적 타결을 줄 수 있는 에너지 안보 상 취약점이 있었다. 그러나 미얀마 송유관/가스관 건설로 중국 에너지 다변화 전략에 큰 도움을 줄 것으로 예상된다.

〈중국―미얀마 가스관 연결〉

이렇게 되면 인도의 앞마당이 되었던 벵골만에 중국이 출현하게 된다. 중국이 2013년까지 미얀마를 경유하여 송유관/가스관을 완공하고, 벵골만/인도양으로 통하는 수송로를 확보할 경우 중국은 중동과 서남아 진출의 지름길을 확보하여 에너지 수송로의 다변화 이외에도 다양한 전략적 목표를 달성할 수 있게 된다.

또한 중국의 전략은 미얀마를 통한 인도와의 교류 확대를 통해 아세안-중국 남부-인도 북부를 연결하는 거대한 물류 및 교통 네트워크를 활성화하여 새로운 경제권의 부상을 계획하고 있으며 실제로 미얀마로 넘어가는 화물의 상당량이 인도로 바로 넘어가는 현실을 볼 때 역사적인 '남부 실크로드'가 형성될 예정이다. 여기에 중국은 중국과 ASEAN의 자유무역지역을 구축하여 ASEAN 내부 통합은 물론 중국과의 경제협력을 심화시킬 것으로 예상되며, 동북아 전체의 물류 및 경제도 활성화시킴으로써 범동북아 대화 및 협력을 촉진하는 기폭제가 될 것으로 기대되고 있다.

특히 중국과 아세안(ASEAN) 국가 간의 FTA 체결을 통해 본격화되고 있는 난닝(南寧)-싱가포르 경제회랑 구축은 중국 남부와 동남아 간의 물류 및 지역경제 활성화를 촉진시킬 뿐만 아니라 동북아 전체의 경제협력 및 국제물류의 발전 가능성에 대한 시금석이 될 것으로 평가되고 있다.

중국 난닝에서 출발하여 베트남의 하노이(Hanoi) 및 빈(Vinh), 라오스 타켓(Thakhek), 태국의 나콘파놈(NakhonPhanom) 및 코캔(Khon Kaen), 말레이시아의 페낭(Penang) 및 쿠알라룸푸르(Kuala Lumpur)를 거쳐서 싱가포르까지 연결되는 이와 같은 남북 경제회랑은 또한 이 지역을 인도양까지 연결하는 동서 경제회랑과 중요한 물류 및 경제 축을 형성할 전망이다.

이 같은 아시아 남부지역의 동서 및 남북 경제회랑 형성은 이 지역의 효율적인 내륙물류체계 구축을 실현시켜 역내 국가 및 지역 간의 투자와 교역을 촉진할 것이며, 관광산업을 중심으로 한 지역경제의 활성화에 기여할 것으로 예상된다.

Part V

중국 물류 개선 및 개발 사례

제1장
글로벌 경영환경의 변화

Dynamic한 시장 환경 변화

세계 경제는 2008년 3분기까지 완만한 성장세를 보이다가 4분기 이후 미국 서브프라임 모기지(신용등급이 낮은 저소득층을 대상으로 주택 자금을 빌려 주는 주택담보 대출로 2006년 말부터 미국 주택시장 가격하락으로 미국의 부동산 경기침체와 은행시스템의 제약을 가져옴)발 부실로 인한 금융경색이 급기야 미국 등 선진국뿐만 아니라, 신흥국을 포함한 전 세계의 급격한 실물 경제위축으로 전이되어, 교역, 생산 등 주요 지표 및 심리 지표가 함께 급락하게 되었다. 이러한 기조는 2009년 1분기까지 지속되며, 주요국의 산업 생산 및 교역 규모가 급감하고, 재고 수준도 빠르게 감소하였다.

그러나 각국 정부가 세금인하, 보조금 지급 등 재정 지출 확대효과에 힘입어 2009년 2분기부터 회복세를 보였으며, 감소된 재고를 보충하는 등 제조 업 부문이 반등하기 시작, 서서히 침체 국면을 벗어나기 시작했다.

중국, 인도 등 신흥국 경제는 인프라 투자, 내수 확대 등을 추진하여 지속성장을 하였으며, 유럽은 2010년 들어 2009년도의 저성장 부분을 다시 회복하는 수준으로 성장하였다. 그 가운데 유럽의 그리스 재정위기 확산으로 더블 딥 우려가 제기되는 등 긍정적인 요소와 부정적인 요소가 교차하게 되었다.

물류 산업 측면에서 시장 환경과 연계하여 보면, 중국 경제는 전 세계 경제에 비해 위축 정도가 덜하고 대체적으로 지속성장을 하였다고 볼 수 있다. 하지만 2010년 전 세계 항공 물동량 처리 1위의 홍콩 공항과 3위를 차지한 상하이 푸둥 공항의 화물 처리실적을 보았을 때 전 세계 교역 현황이 어떠하였는지를 쉽게 짐작할 수 있다.

홍콩 공항의 경우 2008년 전년대비 (−)3.10%, 2009년의 경우는 심지어 (−)7.70% 화물 처리 실적을 보였으며, 상하이 푸둥 공항의 경우에도 2009년 도에는 전년대비 (−)1.20% 감소 실적을 기록하였다.

하지만 2010년 들어 홍콩은 전년대비 (+)23.3%, 상하이 푸둥 공항은 (+) 24.4%의 놀라운 성장을 기록하게 되었는데, 이렇듯 불확실하고 미래를 쉽게 전망하기 힘든 상황에서의 급격한 성장은 고스란히 항공 물류 산업에 영향을 주었다.

물류업체 입장에서 본 중국 및 홍콩발 수출 화물의 경우, 2009년 초반에는 도무지 화물을 구경하기가 쉽지 않았다. 모두들 주위에서 대공항 같은 분위기라며 아우성이었는데, 이와 같은 상황에서 항공사들은 채산성 악화가 더욱 두드러지게 되어, 운영 화물기 수를 급격히 줄여나갔던 것이다.

당시 쉽게 수요가 회복될 것이라고 예측하지 못한 상황에서, 항공 수요 대비 공급량은 2009년 9월 들어 수요가 공급량을 초과하기 시작하였으며, 2009년 11월, 12월에는 초유의 공급 대비 수요 불균형 상태가 발생하였다.

결국 이는 항공운임의 급격한 인상으로 연결되었다. 재고가 부족하고, 부족한 재고를 급히 보내기 위해 더 비싼 운임을 지불해야만 했던 것이다.

하지만 항공사들은 그동안의 체산성 악화 부분을 만회하려는 듯, 심각한 수요 공급 불균형의 상황에서도 완만한 속도로 공급을 늘려 가며 시장 운임을 조절하고 있었다. 이렇듯 항공운임에 대한 부담이 증가하고 있는 가운데, 2010년 4월 아이슬란드 화산 폭발로 인해 비수기로 들어가는 시점에 운임 인하의 발목을 잡고 오히려 예년과 달리 1분기 운임보다 다소 더 높은 시장운임을 형성하게 되었다.

2010년 하반기 들어서는 공급과 수요가 균형을 이루며, 전반적으로 완만한 성장세를 보였고, 2011년 상반기까지 그 기조가 지속되고 있다.

한편 해운 산업 부문에서는 아시아발 기준, 2009년 미주(북미 및 중남미 포함)향보다 유럽향 물동량 감소가 더욱 두드러졌으며, 2010년 회복기에도 미주향이 유럽향보다 전년대비 더 많은 비율로 증가하였다.

또한 2009년부터 2010년에 이은 회복기에 항공사들이 시장을 관망하며 공급량 투입에 소극적이었던 것과 같이, 해운선사들의 경우 'Ultra Slow Steaming'이라는 정책으로 기존 25Knot의 운항속도를 13Knot의 운항속도로 줄이며, 운항 연료를 절감하고 늦어진 속도만큼 더 많은 모선을 투입하여 신규 투입되는 모선들을 항로에 배치함에도 불구하고 추가 공급량 부분에 변화가 없도록 조절하여, 고운임 혹은 운임 인상 정책을 강력히 유지하였다.

더 절실한 물류 프로세스 개선

이렇듯 Dynamic한 시장환경의 변화 속에서, 중국 내 기업 혹은 중국 진출 기업들은 제조원가, 판매원가 절감 등에 대한 노력은 오랜 시간 꾸준히 준비, 실행하고 있었지만(즉 스스로 제어나 조절이 가능하다 생각했지만), 그 어떤 시장환경 변화에도 자체적인 노력으로 쉽게 이루어 낼수 없는 부분이 물류 부문이라는 것을 2009년, 2010년 일련의 물류 수행 과정에서 더욱더 절실히 느끼게 되었다.

수출입 목적의 제품이나 내수용 제품 모두 그 제품의 수요, 재고 및 판매 구조 등에 따라 운송 모드(즉 항공, 해상, 철도, 트럭 등)와 관리 방법이 고려되는데, 기업들은 서서히 기존 관리 방법에서 벗어나 자체적으로 제어나 조절 가능한 부분이 무엇인지 정리하고(즉 생산, 재고, 판매 관리 등등), 현시점에서 정책적인 부분이나 물류 인프라로 난항이 있을 경우, 어떤 대체 인프라나 운송 모드를 연계하여 스스로 조절할 수 있는 능력을 증가시킬 수 있을 것인지와 같은 프로세스 개선 방안을 다각적으로 검토하기 시작하였다.

이는 비단 중국 내 기업만의 이슈가 아닌 일반적으로 전 세계 모든 기업들이 추구하는 효과적인 SCM(Supply Chain Management) 합리화 과정으로 자재 조달에서 생산, 판매에 이르는 네트워크를 효과적으로 통합하여 정확한 수량의 제품이 최적의 시간, 장소에 운송될 수 있도록 관리하는 일련의 합리화 과정인 것이다.

개선 유형별 사례를 통한 중국 물류 이해

여기서는 우리나라와 다른 나라에서는 보기 힘든 다양한 중국 물류의 특징을 기준으로 중국내 산재한 산업군 가운데, 시장 환경과 원가에 특히 민감하여 물류 프로세스 개선 및 혁신 활동이 절실히 필요한 전자/반도체 등 하이테크 산업에서의 물류 개선 사례를 유형별로 분석, 이를 발판으로 추가 합리화 착안 포인트 혹은 과제들에 대해 생각해 볼 수 있는 시간을 가지고자 한다.

여러 프로세스 개선 사례들을 아래 세 가지 유형으로 압축 분류해 볼 수 있다.

■ 대체 운송 모드(Mode) 개발 모델
■ 통합 물류(Integration) 모델
■ 운송 라우트(Route) 개발 모델

이들 세 개의 모델을 통해 중국이라는 나라가 지니고 있는 광대한 물류 인프라와 개방 정책의 일환으로 외국인 투자 유치 및 수출 촉진을 위한 보세구, 수출가공구, 보세물류원구 운용 등 물류와 관련된 정책들을 이해하고, 이들을 어떻게 활용하여 프로세스 개선을 할 것인지, 왜 당장 그런 개선방법을 택하지 못하였는지, 점진적으로 어떤 과제들을 향후 해결해 나가야 할지 등에 대해 조금은 더 알아볼 수 있는 기회가 되었으면 한다.

제2장
대체 운송모드 개발: 항공 → 트럭

상하이향 물류비 절감 과제

한국에 본사를 둔 임가공 중계무역 업체 A사는 남중국 동관 비보세 구역 소재 OEM 업체에서 저장매체 제품을 생산, 전 세계로 수출하고 있다. 사실 저장매체 제품군의 경우 전 세계적으로 5개의 주요 업체가 경쟁구도에 있어 생산, 판매 및 이를 연결하는 물류 부분에서의 원가 절감과제에 대한 노력이 지속적으로 이루어지고 있는 상태였다.

동 제품은 노트북 등 PC 제조업체에 공급되고, 상하이 인근 지역의 EPZ, FTZ, BLC로 가는 물량도 많은 부분을 차지하고 있어 동 물류 프로세스 개선이 오래전부터 지속적인 과제였다.

남중국 동관 비보세구역에서 상하이 인근 보세구역으로 운송하자니 운송 소요시간이 길며, 중계 무역과 관련한 수출 프로세스 또한 복잡하여 대부분 홍콩 공항을 통한 항공운송으로 납품하는데, 공장 출하부터 상하이 보세구역 운송까지 대략 3일 정도 소요되고, 물류비도 상당히 비싸, 운송 Lead Time에 크게 영향을 받지 않고 물류비를 절감할 수 있는 다양한 방법들을 모색하게 되었다.

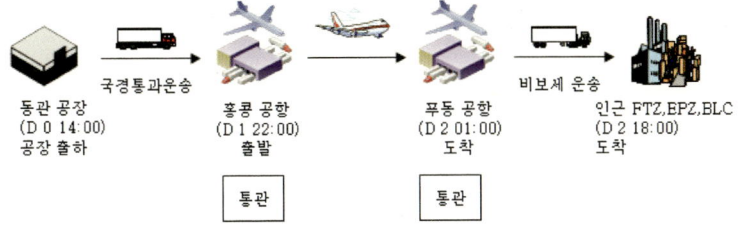

〈기존 홍콩 경유 상하이향 국제항공 운송 프로세스〉

국경통과운송   비보세 운송

동관 공장   홍콩 공항   푸동 공항   인근 FTZ,EPZ,BLC
(D 0 14:00)   (D 1 22:00)   (D 2 01:00)   (D 2 18:00)
공장 출하   출발   도착   도착

통관   통관

(총 운송 소요시간: 2~3일)

상하이 WBLP 이용 트럭운송 모드 전환

비보세 지역인 동관 공장에서 상하이인근 보세구역 내에 있는 거래선
들까지 수책(手冊)과 핵소(核銷) 관리를 진행해야 함을 전제로, 적절한
Lead Time과 물류비 절감을 동시에 만족시킬 수 있는 솔루션이 무엇인
지 하나하나 시뮬레이션하여 보았다.

■ 1안(案): 동관 → 선전 공항 → 상하이 홍치아오 공항 → 상하이 와
이가오차오 보세물류원구(WBLP) → 거래선

1안은 국내선 항공을 이용하여 WBLP에서 수출입 신고를 하는 절차
인데, Lead Time 측면에서는 기존 운송방식과 동일하나, 물류비용의 현
저한 절감을 기대할 수 없고, 동관 소재 OEM 업체가 동관 세관에서 수
책을 신고하고, 세관과의 관계를 계속 유지하기를 고수하여 최종 고려
대상에서 제외하였다.

■ 2안(案): 동관(비보세 트럭 운송) → WBLP(보세운송) → 거래선

수출입 진행 방법은 1안인 국내 항공운송프로세스 모델과 동일하나, Lead Time 측면에서 약 74시간이 소요(4일)되며, 동관에서 WBLP까지 일반 트럭으로 운송하고, WBLP에서 거래선까지는 보세운송을 하는 방법이다. 첫 번째 국내 항공운송프로세스에서 동관 OEM 업체가 동관 세관에서 신고하기를 희망하는 부분이 관건이었는데, 국내 항공운송 옵션 대비 비용 절감 효과가 크기에 최종 고려 대상에 포함하여 검토하였다.

■ 3안(案): 동관 → 동관수출창고 → WBLP → 거래선

1안인 국내선 항공운송 옵션과 2안인 WBLP까지 트럭 운송 옵션을 절충한 모델로, 동관 수출창고에서 수출 신고한 뒤, WBLP까지 보세운송 그리고 다시 WBLP(보세물류원구로 국외 수출과 같은 효과)에서 상하이 인근 보세구역에 있는 거래선들까지 보세운송을 하는 모델이다. Lead Time 측면에서는 약 75시간 소요(4일)되어 2안과 거의 동일하고, 비용 측면에서는 항공운송 모드보다 절반가량 절감할 수 있기에 상기 트럭운송안과 비교 검토 후 최종 안으로 선택하였다.

<운송 모드 및 프로세스 변경과 관련한 추가 사전 해결 과제>
 - 동관 OEM 업체 관할 세관과 BLP 세관과의 증치세에 관한 부분
 - BLP 내 운영 프로세스. 즉 WBLP에서 최종 거래선까지 운송 절차

〈동관에서 상하이까지 트럭 운송으로 운송 모드 전환 후 프로세스〉

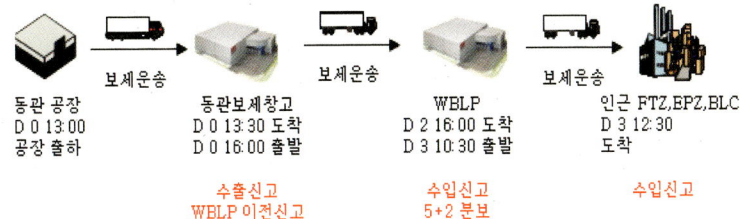

동관 공장	동관보세창고	WBLP	인근 FTZ,EPZ,BLC
D 0 13:00	D 0 13:30 도착	D 2 16:00 도착	D 3 12:30
공장 출하	D 0 16:00 출발	D 3 10:30 출발	도착

보세운송 → 보세운송 → 보세운송

수출신고
WBLP 이전신고

수입신고
5+2 분보

수입신고

(총 운송 소요시간: 3〜4일)

〈항공에서 트럭운송으로 전환 후 비용 절감 효과〉

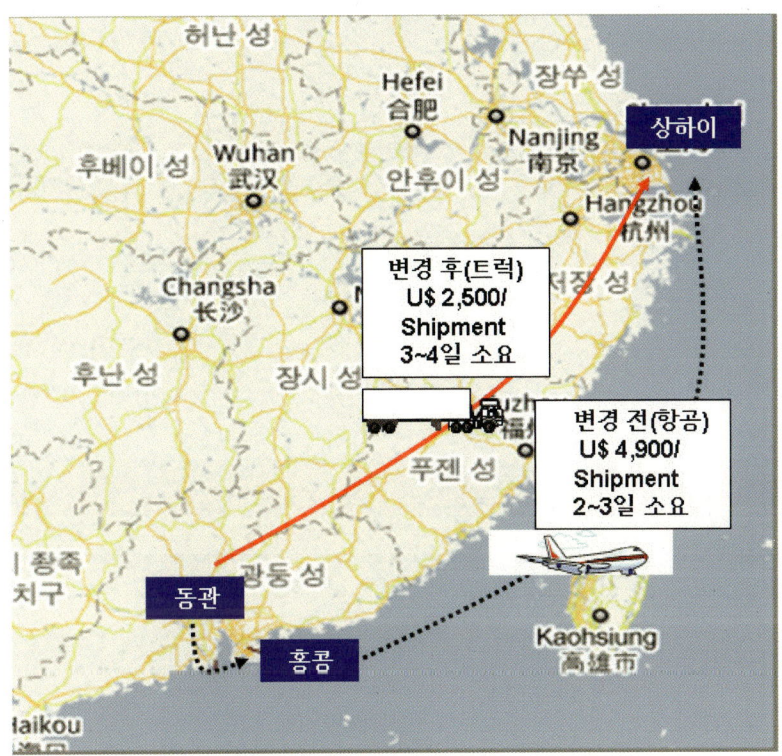

변경 후(트럭)
U$ 2,500/
Shipment
3〜4일 소요

변경 전(항공)
U$ 4,900/
Shipment
2〜3일 소요

제3장

대체 운송모드 개발: Rail & Air

시장 환경 변화에 따른 대체 모드의 변화

일반적으로 시장 환경 변화에 따른 수요 변화와 이에 따른 생산 및 운송 재고 등이 함께 복합적으로 시뮬레이션이 되어 다양한 모드의 운송 시나리오를 구상한다.

수요와 판매 원가를 고려, 기존 해상운송(중국 -> 유럽: 약 26~32일 소요)과 항공운송(중국 -> 유럽: 약 3일)의 중립적인 합리화 모델인 Sea & Air(중국 -> 유럽: 약 16~18일 소요)가 어느 정도 중용을 유지하여 안정적인 모드로 이용되어 왔다. 하지만 최근 Sea & Air의 운송 소요시간을 좀 더 단축시키고, 항공운송에 비해서 더 많은 물류비용을 절감할 수 있는 Rail & Air(중국 출발, 유럽 도착 시 약 9~12일 소요) 모드가 등장하였다.

해상과 항공의 복합운송 Sea & Air 모드

중국에서의 **Sea & Air** 모드는 대략 3가지 주요 라우트를 구성하고 있다. 가장 근거리인 한국 인천항을 경유한 미주 및 유럽향 **Sea & Air**, 두바이를 경유한 유럽 및 아프리카 **Sea & Air** 그리고 캐나다 밴쿠버항을 경유한 미주향 **Sea & Air**이다.

최근 중국발 항공 운임이 한국발 항공 운임과 큰 차이를 보이지 않을 정도로 비슷한 수준이어서 인천항 경유 **Sea & Air**에 대한 모드 합리화를 도출하기는 쉽지가 않다.

일반적으로 대표적인 **Sea & Air**는 두바이항을 경유, 유럽과 아프리카로 운송되는 모드로 집중이 된다.

〈두바이 경유, 유럽 및 아프리카 향 Sea & Air〉

Sea & Air의 경우에도 운임 단위는 항공운임과 같이 KG 단위이며, 항공운임 대비 대략 46~56% 정도 절감된 운임으로 운영된다.

철송과 항공의 복합운송인 Rail & Air 탄생

시장 환경 변화에 따라 Sea & Air가 항공과 해상의 중간적인 Lead Time을 유지하면서 프로세스 개선 효과를 보이던 중, 중국에서 두바이까지 해상으로 운송되는 첫 구간에서 운영 이슈들이 생기기 시작하였다. 두바이까지 해상운송 주간 운영횟수와 Tight한 선복으로 인한 스페이스 확보 문제, 거기에다 두바이 항만의 체화 등으로 실제 예상 Lead Time을 점점 상회하다 보니 또 다른 대체 모드가 없을까 하는 고민을 하게 된 것이다.

이때 해상을 대체하는 TSR(시베리아 횡단철도) 혹은 TCR(중국횡단철도) 등에 대한 검토와 맞물려 철송을 통해 중국 각지의 화물을 우루무치로 집하하고 다시 유럽으로 항공으로 운송하는 연계 항공노선을 착안하였다.

라우트	출발예정시간	도착예정시간	운송소요시간
정저우 – 우루무치	03:00	12:00+3	68h(3,079km): 3일
상하이 – 우루무치	02:00	14:00+3	78h(4,450km): 3.5일
광저우 – 우루무치	07:00	08:00+4	97h(4,657km): 4일
베이징 – 우루무치	02:00	07:00+2	53h(3,768km): 2.5일

정저우, 상하이, 광저우, 그리고 베이징에서 우루무치까지 직송으로 연결되는 철송 Route를 디자인하였으며, 다시 항공으로 유럽까지 운송,

전체적으로 9~12일 소요되는 복합 운송 솔루션을 개발하였다.

〈우루무치 연계 유럽 및 아프리카 향 Rail & Air 모드〉

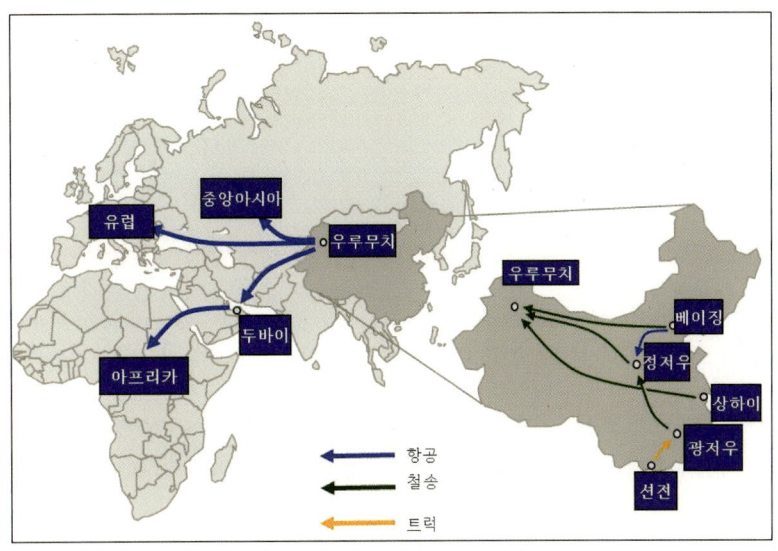

〈각 운송모드별 소요시간 및 비용 비교〉

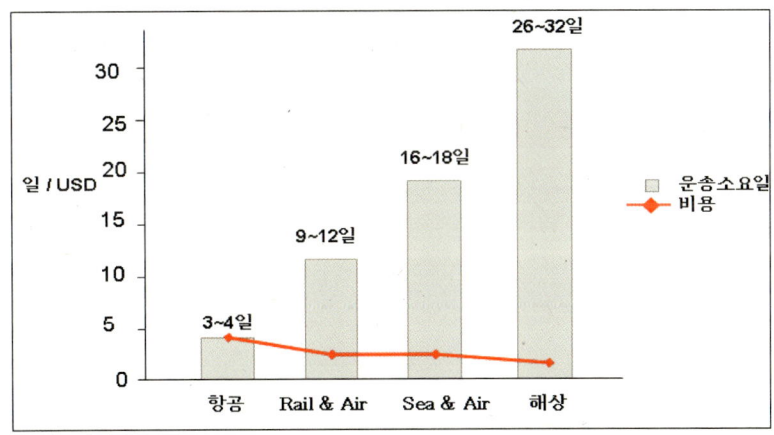

제4장

가상 통합운영(Virtual Integration)

우리는 목적지 또는 출발지의 물류 운영을 통합했을 때, 쉽게 그 시너지 효과로 단순한 운임 단가 절감을 기대하게 된다. 또한 지역적으로 산재해 있는 창고를 특정 장소로 통합하여 창고와 관련된 인프라 및 관리 인원 등을 효율화하고 나아가 효과적인 재고 관리 및 납기 대응으로 연결시켜 프로세스를 개선하는 방법 등을 착안할 수 있다. 그러나 여기서는 비록 단순한 부분에서 출발하였지만, 그 발상의 전환으로 중국 내에서 어떤 형태의 합리화 과정을 도출해 나가고 있는지, 그리고 향후 어떤 부분에 있어 추가적인 합리화를 진행할 수 있을 것인지 생각해 볼 수 있는 사례들을 추려 보았다.

항공 화물의 콘솔(Consol) 효과

통합화를 통한 항공화물 운임절감 솔루션에 있어서 가장 일차적인 발상의 착안은 현재 항공사들이 고객사에게 운임을 어떻게 청구하느냐 하는 것이다.

일반적으로 화물에는 부피는 크나 무게가 별로 무겁지 않은 부피 화물이 있고, 반대로 부피는 작으나 무게가 무거운 중량 화물이 있다. 그러나 항공사들은 부피를 무게로 환산하는 자체 공식(1 CBMx166.667Kg)을 만들어 설정한 부피 환산 무게(Volume Weight)와 화물의 실제 중량인 전체 무게(Gross Weight)를 비교하여 더 많은 무게를 기준으로 운임을 청구한다. 이때의 무게를 운임 청구무게(Chargeable Weight)라고 한다.

〈콘솔(Consol)의 경우와 일반적인 경우 운임청구 지급 기준 비교〉

화물타입	Volume WT	Gross WT	Chargeable WT	운임단가	총 운임	비고
부피화물(A)	10,000	7,000	10,000	CNY 15/Kg	150,000	
중량화물(B)	8,000	10,000	10,000	CNY 15/Kg	150,000	
개별합계			20,000	CNY 15/Kg	300,000	일반화주 지급기준
Consol(A+B)	18,000	17,000	18,000	CNY 15/Kg	255,000	Consol 후 지급기준

위에 나타나 있는 표에서와 같이 콘솔(Consol)을 하지 않고 개별적으로 운임을 지급한다면, 청구 단가는 각각 10,000Kg가 되어 실제 20,000Kg을 기준 한 운임이 되고, 콘솔(Consol) 했을 경우에는 18,000Kg과, 17,000Kg 중 높은 18,000Kg이 Chargeable Weight가 되어 2,000Kg만큼 절감 효과를 볼 수 있는데, 바로 이 부분이 항공 화물 통합화로 운임을 절감할 수 있는 착안 포인트인 것이다.

기존의 해외 수출 항공운송

중국에 생산 거점이 있는 글로벌 기업들의 공장은 대부분 화북지역, 화동지역 그리고 화남지역 등에 산재해 있다.

이때 화북지역의 항공화물 주요 출발지(Gateway)는 베이징 혹은 티엔진 공항이고, 화동지역의 경우는 상하이, 그리고 화남지역의 경우는 대부분 홍콩 공항이다. 아래 그림은 이 내용을 이미지화한 것이다.

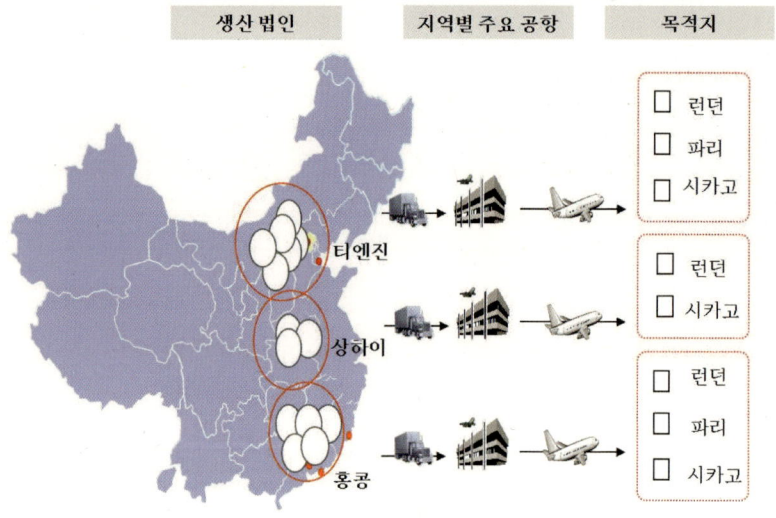

각각의 생산 법인들은 동일 목적지로, 각자 항공운송을 담당하고 있으며, 또한 그렇게 운송을 담당하고 있는 물류사들도 각기 상이한 물류사들이 진행하고 있다.

하지만 이렇게 운송을 진행할 경우 항공사에 대한 운임 구매력이 떨어질 뿐만 아니라, 소량으로 운송할 경우에는 운임 구조상 제일 비싼 단가의 운임을 지불할 수밖에 없게 된다. 또한 항공운임 청구 단가 부분에서도 항공 화물의 콘솔(Consol) 효과 없이, 일반적인 청구 기준인 각각의 Chargeable Weight로 운임을 지불하게 된다.

이와 같은 부분을 간략히 시뮬레이션해 본다면, 각각의 법인이 동일 지역으로 각기 다른 운송계약에 의해 운송을 진행할 경우, 운임청구무게(Chargebale Weight)는 4,060＋5,850＋5,500＝15,410이 되고, 총 운임은 RMB 277,380(15,410X18)이 된다.

〈지역 통합 없이 각 법인별로 운송을 할 경우 항공운임 예시〉

항목	법인 A	법인 B	법인 C	합계
Gross WT(Kg)	3,500	3,520	5,500	
Volume WT(Kg)	4,060	5,850	4,550	
Chargeable WT(Kg)	4,060	5,850	5,500	15,410
운임(CNY/Kg)	18	18	18	
법인별 운임 합계	73,080	105,300	99,000	
총 항공운임 합계	277,380			

지역 통합 후 항공운임 절감 효과

각 법인들의 Gross Weight를 합하면 12,520(3,500＋3,520＋5,500)이며, Volume Weight를 합하면 14,460(4,060＋5,850＋4,550)이다. 이렇게 통합하였을 때는 동 Weight 중 높은 중량, 즉 14,460이 Chargeable Weight가 된다. 또 개별 가격 협상일 경우 RMB 18/kg과 같은 운임 난가노 구매력을 통해 대체로 RMB 16/kg과 같이 조금은 더 경쟁력 있는 운임을 구매할 수 있을 것이다. 결국 전체 항공운임은 RMB 231,360(14,46X16)로 개별 진행 대비, 16.6%의 절감효과가 있다.

이러한 간단한 시뮬레이션을 통해 지역 통합 개선 효과에 대해 쉽게 이해될 수 있도록 압축 설명하여 보았는데, 실제로 **B전자**의 경우, 티엔진 지역에서 이러한 지역 통합 물류를 추진하였고 운송부문뿐만 아니라, 조달, 물류 센터 등 전반적인 통합물류 작업을 지속적으로 추진하고 있다.

〈지역 통합 후 Consol로 운송을 진행할 경우 항공운임 예시〉

항목	법인 A	법인 B	법인 C	지역 통합 후 Consol
Gross WT(Kg)	3,500	3,520	5,500	12,520
Volume WT(Kg)	4,060	5,850	4,550	14,460
Chargeable WT(Kg)	4,060	5,850	5,500	14,460
운임(CNY/Kg)	18	18	18	16
법인별 운임 합계	73,080	105,300	99,000	
총 항공운임 합계				231,360

가상 통합(Virtual Integration)이란?

위의 사례에서 예시된 지역별 통합은 실제 각 공항별(티엔진, 상하이, 홍콩 등) 화물의 통합으로 각각의 출발지 공항 대 각각의 목적지 조합으로 통합화를 추진하는 것이지만, 가상통합(Virtual Integration)이란 글로벌하게 항공사와의 협상력을 갖춘 대형 물류사가 중국 전체 공항(티엔진＋상하이＋홍콩)을 대상으로 단일 목적지에 대한 화물 통합화를 추진하는 것을 의미한다.

다시 말하면 가상 통합이란 항공사와 글로벌 물류사가 서로의 정산 시스템을 연계하여 중국 내 전체 출발지에 대해 통합적으로 **Chargeable Weight**를 산정하는 방식이다. 이럴 경우, 중국 내에 한해서 글로벌 물류사가 목적지별 항공사들과의 협상으로 티엔진＋상하이＋홍콩 전체 물

량에 대해 추가 Consol 효과로 Volume Weight 및 Gross Weight를 산정,
그에 대한 Chargeable Weight로 운임을 지불하여 항공운임을 절감할 수
있게 된다.

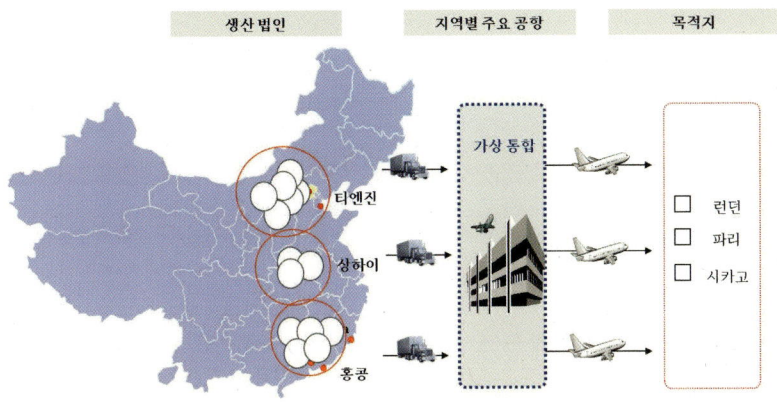

가상 통합이 아닌 단순 지역통합일 경우에는, 각 공항별 전체 Gross
Weight, Volume Weight를 산정하여 그에 해당되는 Chargeable Weight로
운임을 산출하게 된다.

〈단순 지역 통합 후 Consol로 물류 진행할 경우 각 공항별 항공운임〉

항목	티엔진	상하이	홍콩	지역별 통합
Gross WT(Kg)	35,000	35,200	55,000	
Volume WT(Kg)	40,600	58,500	45,500	
Chargeable WT(Kg)	40,600	58,500	55,000	154,100
운임(CNY/Kg)	12	11	9	
지역별 운임 합계	487,200	643,500	495,000	
총 항공 운임 합계		1,625,700		

즉 단순 지역 통합인 경우 전체 항공운임은 RMB 1,625,700이 산정되

며, 여기에 추가로 가상 통합을 하여 Consol할 경우, 우선 항공사 구매
단가도 하나의 가격으로 협의가 가능할 것으로 본다(즉 지역별 통합의
경우, RMB 12, RMB 11, RMB 9 등에 대해 통합적인 구매단가인 RMB
10이 적용 가능).

〈가상 통합 후 추가 Consol로 물류 진행할 경우 전체 항공운임〉

항목	티엔진	상하이	홍콩	가상 통합 후 Consol
Gross WT(Kg)	35,000	35,200	55,000	125,200
Volume WT(Kg)	40,600	58,500	45,500	144,600
Chargeable WT(Kg)	40,600	58,500	55,000	144,600
운임(CNY/Kg)	12	11	9	10
지역별 운임 합계	487,200	643,500	495,000	
총 항공 운임 합계				1,446,000

　　그리고 각 지역 전체 Gross Weight와 Volume Weight를 비교하여 높은
쪽이 Chargeable Weight가 되며 이렇게 했을 때 지역 통합에서의 합리화
에 추가적인 합리화를 이룰 수 있게 된다.
　　첫 번째로 각 지역별 통합에 의한 일차 운임 절감 효과가 있으며, 두 번째
로 각 지역 전체를 시스템적으로 재 통합, 즉, 가상통합(Virtual Integration)
으로 추가 항공운임 절감을 기대할 수 있다.

〈지역통합과 가상통합 절감 효과 비교 예시〉

항목	티엔진	상하이	홍콩	가상 통합 후 Consol	절감 효과
Gross WT(Kg)	35,000	35,200	55,000	125,200	
Volume WT(Kg)	40,600	58,500	45,500	144,600	
Chargeable WT(Kg)	40,600	58,500	55,000	144,600	
운임(CNY/Kg)	12	11	9	10	
지역별 운임 합계	487,200	643,500	495,000		
총 항공 운임 합계		1,625,700		1,446,000	-179,700

제5장

신규 라우트(Route) 개발: 화남

광저우 및 션전 공항 활용

중국 광둥성(廣東省)에 있는 폭스콘 등 대부분의 IT 회사들은 홍콩을 경유 하여 완제품을 수출하고 있으며, 제품 사이클 및 납기시간을 고려, 대부분 항공운송을 이용하고 있다.

2010년 화물 운송량 세계 1위를 기록한 홍콩 공항의 경우 전세계 각지로 가는 다양한 항공사들의 운항 스케줄이 있으며 수출 절차가 간소하고 편리하여, 심지어 중국 역내 보세구 혹은 수출가공구 간의 운송에도 홍콩 공항을 거쳐 수출입 신고를 하고 운송하는 경우가 많다.

광둥지역의 전자업체들은 역내 인근 지역에 위치한 광저우 공항과 션전공항 이용 라우트를 검토하기 시작했지만, 초기에는 IT 완제품일 경우에는 내장 배터리 때문에 위험물로 분류되어, 분류 등급에 따른 항공사 절차상의 문제, 운항 스케줄 및 통관 등 기타 제반 현황 등이 여의치 않아 본격적인 확대 운영 계획을 세우지 못하였다.

그러나 2009년 하반기에 예상치 못했던 극심한 항공 대란으로 홍콩에 집중되어 발생하는 항공운임 상승과 물류 흐름을 조금이라도 제어할 수 있는 역량이 절실히 필요하다는 교훈을 계기로, 서서히 현재의 장벽이 무엇이며, 그 장벽을 어떤 형태로 극복해야 할 것인지 정의한 뒤, 광저우 공항 및 션전 공항 운영 확대 계획을 실행에 옮기기 시작하였다.

광저우 공항과 션전 공항의 매력

입지적인 여건이나 인프라 측면에서, 광저우 공항은 화물 처리량이 2010년 중국 내 공항 중 4위를 차지할 만큼 규모 면에서 충분히 매력적이다. 광저우 공항보다 더 근거리에 위치한 션전 공항 역시 같은 해 화물처리량이 5위를 차지하며 지속적인 개발이 이루어지고 있다.

광저우 공항은 약 22개의 국제선 항공사들이 취항하고 있으며 구주 및 미주를 주요 목적지로 직항서비스를 하고 있다. 아울러 필리핀 수빅(Subic Bay) 허브를 대체하고 아시아 지역 허브 역할을 할 페덱스(FedEx) 광저우 공항 허브가 2008년 완공, 2009년부터 운영에 들어갔다. 이곳은 보세창고, 국제물류배송, 가공 및 관세 환급 등의 주요 기능을 함께 하고 있어, 중국 내 주요 부품 제조업체들(특히 북중국 소재)의 경우, 베이징 공항 세관에서 통관된 제품을 보세 상태로 광저우 공항까지 국내 항공운송 후(국내선 터미널), 광저우 공항에서 국제선을 이용(국제선 터미널로 이송)하여 베트남 등 페덱스(FedEx) 운항 아시아지역으로의 수출이 가능하게 되었다. 물론 이 경우 북중국 소재 부품 제조업체들은 수출 품목에 대해 베이징 세관에 수책(手冊) 및 핵소(核銷)단을 등록해야 한다.

공항	광저우 공항	션전 공항
위치	광저우시내에서 28km	션전시내에서 32km
면적	15SqKm	11SqKm
연간화물취급규모	1.7백만Ton	1.15백만Ton
취항 항공사	CA, CZ, AF, LH, UPS, JL, KE, MH, TG, SQ, SV, EK, QR, NH, KQ, EK, MS, NH, EY, VN, ET, FedEx	B7, CA, CI, CZ, FD, FX, J5, JI, KE, LH, NX, OZ, TY, UW, Y8, ZH

선전 공항의 경우는 약 16개의 국제선 항공사들이 운항하고 있는데 상대적으로 타 공항에 비해 아직 화물기의 취항이 그리 많지 않다는 단점이 있지만, 점진적으로 신규 화물기 증편이 이루어지고 있어, 가용 스페이스 측면에서 특정 노선에 한하여 타 공항 대체 혹은 보완 역할을 할 수 있을 것으로 기대된다.

〈광저우, 션전, 홍콩 공항 간 지정학적 비교〉

한편, 광저우 공항과 션전 공항이 홍콩 공항 대비 매력적인 부분은 우선 기적하기 이전까지의 비용(즉 FOB 비용)이 홍콩 공항 대비 저렴하다는 것이다. 그 중 대표적인 부분이 공항까지의 내륙운송 비용으로, 홍콩 기적의 경우 국경 통과 운송을 위해 중국과 홍콩에 모두 등록된 차량(두 개의 차량 등록 번호판 소지)으로 운송해야만 하는데, 이와 같은 차량의 경우 일반 차량 운송비보다 거의 2배 정도 비싸다.

다음은 어쩌면 궁극적인 개발 이유가 될 수 있는 부분으로 특정 노선에 한해 추가로 광저우 및 션전 공항을 적절히 이용한다면, 월말에 주로 집중되는 기적 물량에 대한 탄력적인 운영과 매년 고심하는 성수기 항공 스페이스 조절이 가능하게 되어 안정적인 운임 정책 수립도 가능할 것으로 예상된다.

초기 광저우 및 션전 공항 확대 이용 이슈

하지만 실제로 광저우 공항 및 션전 공항을 확대 이용하기에는 해결해야 할 이슈들이 한두 가지가 아니었다. 우선은 통관 문제에 제일 크게 봉착되었으며, 위험물 신고 사항, 직항편 부족으로 인한 운항스케줄 관리 그리고 비록 내륙 운송료 부분에서는 다소 절감 요소가 있지만, 트럭 단위로 운송되다 보니 이에 대한 효과는 미미하고, 오히려 중국발과 홍콩발 항공사들의 유류할증료(Fuel Surcharge)의 큰 차이가 적극 확대 운영 의지를 저하시키는 요소로 작용하고 있었다.

■ 통관 이슈

현재 수출화물은 전량 업체 소재 지역 세관에서 EDI로 통관을 진행하면서 수책관리를 하고 있으며, 홍콩으로 수출 진행 시에는 국경 세관에서 동 EDI 데이터를 기준으로 별도의 통제가 없고, 화물 기적 후 일제히 수출 신고를 진행하기에 운송 Lead Time에 전혀 영향을 주지 않는다.

반면 광저우 공항의 경우, 관할 세관에서 매뉴얼 통관 실시를 요구하고 있으며, 광저우에서 속지보관(屬地報關－신고) 시 업체 소재 지역 세관과 Code가 달라 EDI 진행이 불가하여 결국 원본 서류를 광저우에 신고해야 하는 번거로움과 이에 따른 운송 Lead Time지연이 야기되었다. 션전 공항의 경우는 업체 소재 지역 세관이 션전 관할 세관이어서 큰 어려움은 없으나, 광저우 공항처럼 별도의 상검(Customs, Immigration & Quarantine, 출입국 시 상품 검사)을 실시해야 하는 어려움이 있었다.

■ 항공사 및 터미널 이슈

전체적으로 여전히 직항 항공사 수가 부족하며, 그나마 직항인 경우에도 운항 빈도가 그리 많지 않다. 또한 중간 경유지에서 환적할 경우, 환적지 Off Load 가능성도 자주 있으며, 할당 스페이스가 제한적이다.

그리고 광저우 공항 터미널의 경우, UN 38.3/1.2 M Drop Test/MSDS 등 배터리 내장으로 인한 위험물 분류 신고 부분이 엄격히 적용되고 있어, 현재까지도 이슈가 해결되지 않고 있으며, 션전 공항 또한 아직까지 이러한 이슈들을 터미널과 협의 중에 있다.

■ 유류할증료(Fuel Surcharge) 이슈

광저우 공항과 션전 공항의 경우 일반적으로 항공사들의 기본 운임 측면에서 홍콩 취항 항공사 대비 약 10~20%가량 저렴하지만, 2011년 7

월 기준 항공사들의 홍콩발 IATA Ⅰ/Ⅱ 지역(즉 구주 및 미주향) 유류할 증료의 경우 USD 약 0.98/Kg인 데 반해, 중국발의 경우 USD 약 1.95/Kg 으로 전체 항공운임 기준, 홍콩발과 중국발이 거의 대동소이한 운임 구조를 이루고 있어 운임 절감 차원에서 큰 메리트는 없는 편이다.

Step by Step 이슈 해결 방향

광저우 공항의 경우 우선 통관 이슈 부분은 베이징 세관 총서와 광저우 세관, 그리고 회이저우 법인 관할 세관인 션전 세관과의 유기적인 협의를 통해 원본 서류를 신고하는 대신, 사본으로 신고할 수 있도록 협조가 이루어져 매뉴얼로 진행함에도 불구하고 운송 Lead Time에 큰 지장을 주지 않게 되었다.

아울러 상검(CIQ)의 경우에도, 신고 중량과 실제 중량이 오차범위 내에 있을 경우 별도의 상검 실시가 면제될 수 있도록 업무 협조가 이루어졌다.

유류할증료 부분의 차이는 현재 당장 조정이 힘든 사항이지만, 홍콩에서 기적 시 목적지 수하주의 Tax 신고 금액이 광저우 공항(즉 중국발) 신고 시보다 높은 경우가 있는데 이런 거래선들을 따로 분류하여 광저우 공항을 활용하는 동시에, 구주 혹은 미주지역 중에도 안정적으로 운영될 수 있는 지역을 분류, 꾸준히 동 라우트를 활용하여 월말 집중 물량을 분산하고, 성수기 및 긴급 상황 대처 능력을 확대하고 있다.

제6장

신규 라우트(Route) 개발: 화동

프로세스 개선을 위한 보세구역 추가 이해

중국 역내 운송과 관련한 프로세스 개선 사례를 설명하기 전에, 이러한 프로세스 개선의 착안포인트가 될 수 있는 중국 내 각종 보세구역을 조금 더 이해하는 것이 필요할 것으로 생각된다.

먼저 보세(保稅)란 관세의 부과를 미루어 두는 것을 의미하며, 보세운송이란 내국물품이 아닌 외국물품인 상태로 화물을 운송하는 것을 의미한다. 우리나라 경인지역에서 부산을 통해 화물을 수출할 경우, 경인지역에서 수출면장을 발부받았다면, 이 화물은 이미 내국 물품이 아닌 외국 물품으로, 부산까지는 보세운송을 하여야만 한다. 그리고 어느 나라이건 보세구역 사이의 운송은 관세가 미납인, 즉 보류된 상태이므로 보세운송으로 운송한다.

그렇다면 더욱 복잡하게 느껴지는 중국 내에서의 보세구(FTZ), 수출가공구(EPZ), 보세물류원구(BLP), 보세물류중심(BLC) 관련 프로세스를 어떻게 하면 쉽게 이해할 수 있을까? 이에 대해, 우선은 간단하게 우리가 각 국가 간 무역이나 화물운송을 할 때 항상 수출입 세관 신고를 하는 것과 마찬가지로 각각의 보세구역을 하나의 개별 국가(개념상으로 만)로 간주한다면, 기본적인 수준에서 편하게 이해할 수 있으리라 생각된다.

왜냐하면 각종 보세구역은 중국에서 외국인 투자와 수출 촉진을 위해 중앙 정부 국무원의 비준하에 설립되고, 엄격히 세관의 감독, 관리하에 운영되는 특수 구역이기 때문에 항상 In & Out 신고를 정확히 해야 하기 때문이다.

보세구의 장점은 낮은 소득세, 관세 및 증치세의 면제, 수출 증치세의 환급 등을 들 수 있다. 그러나 중국 국경 밖으로 최종 수출이 안 된 경우, 수출로 인정되지 않아 매출 증치세의 면제, 매입 증치세의 공제 또는 환급 혜택을 받을 수가 없다.

즉 보세구를 벗어나 국외 반출이 되어야만 환급 수속을 할 수가 있는데, 이러한 약점을 보완, 개선하기 위해 2005년 11월 국가 비준을 거쳐 2006년 1월 1일 발표한 시행령에 보세구 기능과 물류 기능을 모두 갖춘 보세 물류원구(BLP) 및 보세 물류중심(BLC)에 대한 관리 방법이 규정되었다.

중국 관세 제도상 동 지역은 국외로 간주되어 이 지역으로 제품 반입 시 수출로 인정되어 반입과 동시에 증치세의 환급 수속이 바로 가능하게 된 것이다. 아울러 보세구와 수출가공지역의 약점이었던 물류 및 외환거래 관련 정책을 보완, 통관수속에서도 특히 유리하며, 중계무역일 경우 따로 통관수속이 필요 없고 부가세와 소비세를 내지 않고 원구 내에서 화물을 자유로이 유통할 수 있다는 장점이 있다.

이러한 보세물류원구를 이용하면 중국 역내 판매일 경우, 국외로 우회 수출하지 않고도 위와 같은 효과를 얻을 수가 있기 때문에 물류 Lead Time 및 비용을 절감할 수 있는 개선포인트가 될 수 있는 것이다.

수저우發 션전向 홍콩 경유 항공운송

수저우에 위치한 제조업체는 내료가공 형태로 한국에서 무상으로 수입한 원료를 임가공하여 제품 생산 후 재수출(중국 역내 및 국외 포함)하고 있기에, 원료 수입 시 증치세 납부를 보류하고 있고 아울러 완제품을 수출할 때, 수책(手冊)에 기재된 수입 신고 원료 품목/개수와 실제 수출된 완제품 안의 원료 품목 및 개수를 확인하는 핵소(核銷) 관리를 진행하고 있다.

여러 거래선 중에 션전 소재 비보세구역의 거래처에 제품을 수출할 때, 과거 운송 프로세스는 생산된 제품을 비보세 트럭운송으로 상하이 푸둥 공항까지 운송한 후 푸둥 공항에서 수출 신고와 함께 홍콩으로 항공운송, 그 후 홍콩 공항에서 수입신고를 마친 뒤, 국경통과 트럭(중국/홍콩 등록 차량)을 이용하여 션전으로 운송하는 수출 프로세스로 총 29시간이 소요되었다.

〈과거 홍콩 경유 국제 항공운송 프로세스〉

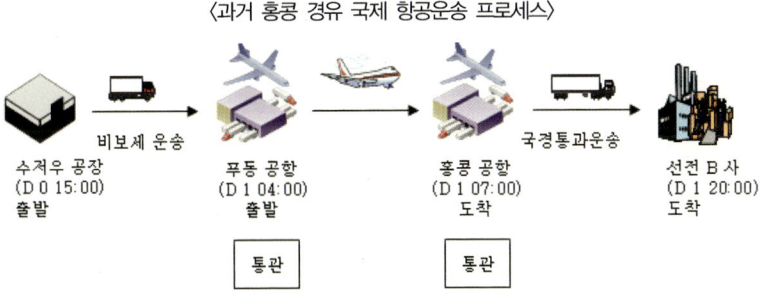

수저우 공장   비보세 운송   푸둥 공항   홍콩 공항   국경통과운송   션전 B 사
(D 0 15:00)   (D 1 04:00)   (D 1 07:00)   (D 1 20:00)
출발   출발   도착   도착

[통관]   [통관]

SBLC 이용: 국내 항공운송으로 라우트 변경

2008년 하반기 물류업체의 조언에 따라 수저우 보세물류중심(SBLC) 내에 통합물류 창고를 운영하기 시작하면서 관세 제도상 보세물류중심은 국외로 간주되는 점을 착안하여, 기존 션전 판매 물류 프로세스를 재점검하였다.

우선 보세구역 간에는 보세차량으로 물품을 운송해야 하나, 션전에 있는 거래선은 비보세지역에 위치하고 있기 때문에 보세운송을 할 필요가 없다는 점이 조금은 더 유연하게 프로세스를 디자인할 수 있는 계기가 되었다.

문제는 SBLC에서 수책/핵소 관리를 진행하여야 하는데, 션전의 거래선 역시 수저우의 제조업체로부터 원자재를 수입 가공 후 수출하는 업체이므로 SBLC에서 수책/핵소 관리를 함께 진행하는 부분에 동의하여야 하는 것이 제일 큰 관건이었다. 결국 전체 운송소요시간과 비용이 절감될 수 있다는 것으로 해관을 설득하여 수저우 BLC(SBLC)에서 통관 완료 후, 상하이 홍치아오 공항에서 션전 공항으로 직접 국내 항공운송하는 프로세스로 진행하게 되었으며 이에 따라 총 소요시간이 11.5시간으로 대폭 줄어들게 되었다.

〈수저우 BLC 이용한 국내 항공운송 프로세스〉

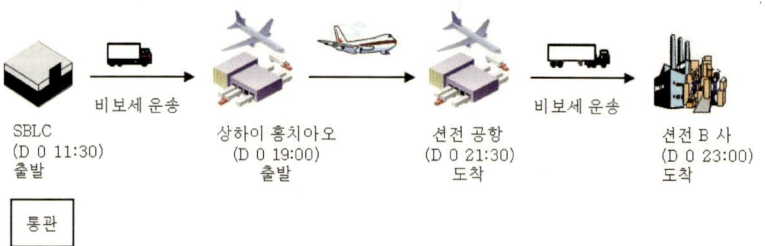

SBLC
(D 0 11:30)
출발

비보세 운송

상하이 홍치아오
(D 0 19:00)
출발

션전 공항
(D 0 21:30)
도착

비보세 운송

션전 B 사
(D 0 23:00)
도착

통관

프로세스 변경 후 운송 소요시간 및 물류비 절감 효과

〈항공운송 소요시간 및 물류비 비교〉

- 소요시간: 18시간 단축
- 물류비용: USD 150/100Kg 절감

월평균 절감 비용: USD 300/200Kg×20회＝USD 6,000

제7장
도착지 보세구역 활용

기존 션전 EPZ를 통한 제품 소유권 이전

회이저우(惠州) 소재 OEM 업체 B사에서 제조한 LCD Panel을 션양 (瀋陽)에 있는 디지털 TV 제조업체 C사에 판매하고 있는 A전자는, B사 가 관리하기 쉬운 인근 션전 Daolonggang EPZ에서 션양 소재 거래선에 소유권을 이전 후, 션양까지 물품을 운송하고 있었다.

이것은 중국 내 보세구 외 지역에서 수출가공구(EPZ)로 운송한 화물 은 수출로 간주되어, 통관 수출한 후 세금환급 규정에 따라 세금 환급을 할 수 있는 부분을 이용한 것이다. 하지만 소유권 이전이 션전 EPZ에서 이루어졌다 하더라도 제품 인도 금액에 션양까지의 운송비가 포함되어 있어, A전자에서는 션양까지 운송하는 것이 거래 조건이었다.

회이저우 공장   비보세 운송   션전 Dalonggang EPZ   비보세 운송   션양 C 사
D 0 14:00   D 0 17:00 도착   D 5 14:00
출발   D 1 17:00 출발   도착

(총 운송 소요시간: 120시간)

수저우 BLC로 라우트 변경, 프로세스 개선

회이저우공장에서의 가장 **빠른** 출하는 오후 2시나 되어야 가능하다. 그러므로 인근 션전 EPZ에 화물이 도착하는 시간은 대부분 오후 5시경으로, 션전 EPZ 도착 후 수속을 진행할 수가 없어, 다음 날 아침 업무시작 시간까지 EPZ 밖에서의 야간 대기로 인한 추가 비용이 발생하고 있었다.

한편 회이저우에서 션전을 거친 션양까지의 운송은 S 물류업체가 전체 운송을 담당하였으며, 수저우 센터를 중심으로 남중국향 트럭운송, 북중국향 트럭운송 그리고 남중국발 트럭운송을 관리하고 있었다.

이와 같은 상황에서 S 물류업체는 비효율적인 프로세스 개선을 위한 이슈 항목들을 크게 아래와 같이 3가지로 정의하였다.

■ 션전 EPZ에서의 추가 비용 및 Lead Time을 저해하는 야간 대기.
■ 회이저우-션전 간 운송 및 션전-션양(장거리) 간 운송비 구조.
일반적으로 회이저우-션전 간 운송은 큰 문제가 되지 않으나, 분명 션전-션양 간 트럭 운송은 비합리적인 노선일 수밖에 없었다. 션양에서 션전 이송화물이 많지 않은데다, 션전에서 션양 이송화물 또한 트럭

운송으로 하기에는 너무 먼 거리였다.

■ 선전 EPZ 기능과 동일하게 소유권 이전을 할 수 있는 곳.

S 물류사는 우선 수저우를 중심으로 다양한 중국 내 내륙운송을 수행하고 있으므로 선전 EPZ와 같은 기능을 가진 수저우 BLC(SBLC)를 기준으로 네트워크를 재설계하였다.

SBLC 도착시각을 시뮬레이션한 결과 회이저우에서의 기존 2시 출하를 오후 5시 출하로 조정하면 화물이 정확히 아침 9시에 SLBC에 도착, Lead Time 손실 없이 소유권 이전 작업을 진행할 수 있었고, 선전-수저우 그리고 수저우-선양 간 트럭운송 비용 구조 또한 기존 프로세스보다 많은 부분 효율화시킬 수 있었다.

〈수저우 BLC를 이용한 변경 물류 프로세스〉

 비보세 운송 →  비보세 운송 →

회이저우 공장
D 0 17:00
출발

선전 Dalonggang EPZ
D 2 09:00 도착
D 2 17:00 출발

선양 C 사
D 4 21:00
도착

(총 운송 소요 시간: 100시간)

〈운송 비용 및 운송 소요시간 절감 효과 시뮬레이션〉

Route	3T 트럭	5T 트럭	10T 트럭	40FT	C/C	소요시간
기존	3,600	3,900	4,400	5,000	125	120
변경	2,600	3,500	4,000	4,500	80	100
차이	1,000	400	400	500	45	20

※ 월평균 절감 비용: USD 500/40X10대＝USD 5,000

참고문헌

◦ 중국 물류의 기초지식(도서출판 범한, 2005).
◦ 중국의 물류 시장(무역협회, 2006).
◦ 海關法教程(中國海關出版社, 劉達芳 編著, 2009年).
◦ 中國海關通關實務(中國商務出版社, 鄭俊田, 徐晨 主編, 2008年).
◦ 國際物流與貨代通關(經濟管理出版社, 許曉東, 龍桂先 主編, 2010年).
◦ 國際貨運代理(東北財經大學出版社, 孫家慶 主編, 2008年).
◦ 中國倉儲行業發展報告(中國商業出版社, 中國倉儲協會, 2010年).
◦ 中國海關報關使用手冊(中國海關出版社, 海關總署政策法規司 編制, 2006年).
◦ 商檢與報關實務(淸華大學出版社, 溫耀慶, 魯丹萍 編著, 2007年).
◦ 中國道路運輸發展報告(人民交通出版社, 中華人民共和國交通運輸部 著, 2010年).

[참고 web site]
◦ 中華人民共和國商務部 www.mofcom.gov.cn
◦ 中華人民共和國交通運輸部 www.moc.gov.cn
◦ 中華人民共和國民用航空局 www.caac.gov.cn
◦ 中華人民共和國鐵道部 www.china-mor.gov.cn
◦ 中華人民共和國稅務總局 www.chinatax.gov.cn
◦ 中華人民共和國外匯管理局 www.safe.gov.cn
◦ 中華人民共和國海關總署 www.customs.gov.cn
◦ 中華人民共和國出入境檢驗檢疫局 www.aqsiq.gov.cn
◦ 新華网 www.news.xinhaunet.com
◦ 中國高速公路网 www.china-highway.com
◦ 中國高速 www.cngaosu.com
◦ 中國公路网 www.chinahighway.com
◦ 한진해운 www.hanjin.com
◦ 대한항공화물 http://cargo.koreanair.co.kr
◦ Alphaliner www.alphaliner.com
◦ 한국해양수산 개발원 www.kmi.re.kr

장대훈(張大勳)

Australia Macquarie 대학원 Logistics and operation management 석사
China Southern Airlines 駐인천공항 화물부 근무
現) Kerry Logistics 한국 프로젝트팀 Director, 중국 주재 근무 중

남선욱(南宣旭)

삼육대학교 영어영문학과 졸업
OCS(ONLINE CARGO SERVICE) 서울 근무
SAMSUNG LOGISTICS 홍콩 근무
現) PANALPINA WORLD TRANSPORT, 중국 주재 근무 중

정종화(鄭鐘和)

한양대학교 영어영문학과 졸업
조양상선(영업관리/영업정책/미주사무소)
한솔 CSN(물류연구소/국제 TPL 영업) 근무
現) DB Schenker China, 중국 주재 근무 중

현장에서 **바라본**

중국
물류

초 판 인 쇄 | 2011년 12월 1일
초 판 발 행 | 2011년 12월 1일

지 은 이 | 장대훈 외
펴 낸 이 | 채종준
펴 낸 곳 | 한국학술정보㈜
주   소 | 경기도 파주시 문발동 파주출판문화정보산업단지 513-5
전   화 | 031) 908-3181(대표)
팩   스 | 031) 908-3189
홈 페 이 지 | http://ebook.kstudy.com
E - m a i l | 출판사업부 publish@kstudy.com
등   록 | 제일산-115호(2000. 6. 19)

ISBN   978-89-268-2814-4 13320 (Paper Book)
            978-89-268-2815-1 18320 (e-Book)

이담
Books 는 한국학술정보㈜의 지식실용서 브랜드입니다.